下來，是唯一要做的事

戰場生存守則

巴頓將軍說：「戰爭不是要為國犧牲，而是要讓敵人為國犧牲！」

上官洪軍 著

戰場的 職場的 愛情的 社團的 遊戲的

DANGER! DANGER! DANGER! DANGER!

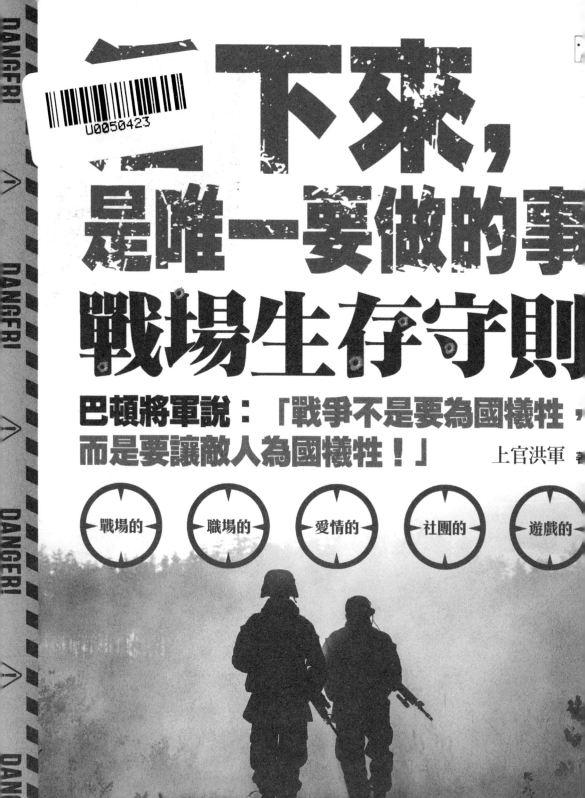

前言：活下來，是唯一要做的事

「歡迎光臨！」艾瑞克熱情的歡迎如潮水般湧入的顧客，他是一家百貨公司服裝部樓層的客服。今天正好是週末，現在已經是晚上九點半，艾瑞克已經連續在賣場站了十幾個小時，他的雙腳幾乎麻木，但是這位二十五歲的男生仍然仔細注意每個細節，不敢有絲毫的疏忽。

艾瑞克擔任這家百貨公司二千多名員工中最低的職務——客服。大學畢業以後，他就進入這家百貨公司任職。「百貨公司的工作時間長、事情複雜，如果沒有熱情，很難持續下去，」艾瑞克說，第一年他以熱情將最卑微、最無聊的事做好，贏得公司主管對他的良好評價。因為他知道，外面有成千上萬的人，等著他的這份工作；公司裡，也有數百人等著踩著他的頭往上爬，艾瑞克心裡非常清楚，現在他唯一可以做的事就是：想盡辦法活下去！

如今，艾瑞克已經成為這家百貨公司的副總經理。隨著職位的變換，艾瑞克卻始終保持一個態度：生存，是唯一要做的事。

戰場生存守則

在現代社會中，不是每個人都有機會遇到戰場，但是卻會遇到比戰場更惡劣的競爭環境。當生存成為唯一的課題時，軍人的智慧就發揮到了極致。本書以傳說中的《美軍守則》為依託，總結出戰場上的經驗和智慧，以此作為對那些正在成功道路上徬徨的年輕人的寶貴忠告。

一、你不是超人。
二、如果一個愚蠢的方法有效，它就不是愚蠢的方法。
三、不要太顯眼，因為那樣會引人攻擊（這就是航空母艦被稱為「炸彈磁鐵」的原因）。
四、不要和比你勇敢的戰士躲在同一個彈坑裡。
五、不要忘記你手上的武器是由出價最低的承包商製造的。
六、如果你的攻擊很順利，你一定是中了圈套。
七、沒有任何計畫可以在遇到敵人以後繼續執行。
八、所有五秒爆炸的手榴彈都會在三秒內燒完引線。
九、假扮成無關緊要的人，因為敵人的彈藥可能不夠了（所以它只會打重要的人）。
十、那支你不加注意的小部隊，其實是攻擊的主力。
十一、重要的事情總是簡單的。
十二、簡單的事情總是難以做的。

十三、好走的路總會被布上地雷。

十四、如果你除了敵人以外什麼都缺，你一定是在交戰中。

十五、飛來的子彈總有優先通過權（擋它的路，你就倒大楣啦）。

十六、如果敵人在你的射程裡，不要忘記你也在他的射程裡。

十七、殲敵數計算法：兩名游擊隊員加兩隻貓，本次戰鬥總共擊斃敵人三十七人（不要相信軍方給你的殲敵數字）。

十八、要一起使用才會生效的裝備，通常不會一起運來。

十九、無線電總會在你急需火力支援的時候斷訊。

二十、你做的任何事情，都有可能讓你挨子彈——什麼也不做也一樣。

二十一、唯一比敵人炮火還準確的（而且可以殺死你）是友軍的炮火。

如果你還不瞭解，就讓我們從戰場的傳奇中，領悟生存競爭的道理。因為，在強敵環伺的環境中，想要生存，就必須比對手多出幾倍的智慧！

目錄

一第二章一 航空母艦吸引的往往是炸彈

戰場生存守則

一第三章一 不要和勇敢的人在一起

一第四章一 太順利，往往是圈套

第五章 隨機應變，才是最好的計畫

第六章 看清形勢再下手

一第七章一 巧妙偽裝，等於撿一條命

第八章　不像主力的部隊，才是真正主力

第九章　重要的事情往往簡單

一第十章一 好走的路，總會有地雷

第十一章 你和敵人都在對方射程內

第十二章 自己才能救自己

第十三章 做與不做不一樣

第一章

你不是超人

「你不是超人」作為《美軍守則》中的第一條，其重要性不言而喻。戰場上，兩軍對壘，一個普通士兵只是其中的一份子，沒有也不可能有能力憑一己之力改變戰局。既然如此，《美軍守則》中就不鼓勵士兵去做無謂的犧牲，進而最大程度的保全戰爭中最重要也是最基本的作戰平台——生命的存在。

在自己處於相對劣勢時，不要死打硬拼

在戰場上，經常可以看到這一幕：當美軍發現自己處於相對劣勢時，他們不會死打硬拼，而是在打不過的情況下，乖乖的舉手投降，先求保命，至於結果，好像與他們無關似的。

其實，這是美軍中一條不成文的規則，就是先保全性命，哪怕當俘虜也不要緊。眾所周知，決定戰爭勝負的主要因素是人，如果在戰場上，人全部犧牲了，哪怕你擁有再先進的武器，你照樣是要失敗的，道理很簡單，因為沒有使用武器的人！所以，在美軍中有一條「規則」：主動當俘虜不是什麼大罪。

因此，在戰爭中，往往會發現一種有趣的現象，那就是：美軍俘虜往往要比對手多。

這是一種另類思維，它展現了人生哲學中的一條重要原則：以人為本。雖然在戰場上，不提倡這樣的行為，但是在人生道路上，卻是很值得參照的一種明智的做法——在處於相對劣勢時，不要死打硬拼。

戰場生存守則

「處於相對劣勢時，不死打硬拼」有幾個好處：你很主動的退讓，不致成為明顯的目標；不會因為拒不低頭而把矮簷撞壞。

要知道，不管有沒有撞壞，你總會受傷的，儘管你的頭是「鐵」做的。

中國有一句格言：「忍一時風平浪靜，退一步海闊天空。」許多人將它抄下來貼在牆上，奉為座右銘，但是這句話與當今自由經濟下的競爭觀念似乎不大契合。事實上，「爭」與「讓」並非總是不相容，反而經常互補。

在生意場上也好，在外交場合也好，在個人之間、集團之間，也不是一個勁的「爭」到底，忍讓、妥協、犧牲有時也很必要。作為個人，適當低一下頭也是一種寶貴的智慧。

「走」是保全自己的最佳方式

在第二次世界大戰的初期，美軍由於珍珠港遭受了襲擊而在海軍兵力上處於絕對劣勢，因此對離美國本土較遠的菲律賓愛莫能助。在菲律賓駐守的美軍名將麥克阿瑟和美軍部隊面臨全軍覆沒的危險。

是打下去，繼續消耗敵人的力量，還是暫避鋒芒，以待日後東山再起？在美軍高層內出現了兩種不同的意見。遠在菲律賓的麥克阿瑟也非常焦急，為國內不能快速決定對菲律賓的應對策略而大為光火。最後，美軍參謀部終於認清了形勢，在現有條件下，美軍無法同時兼顧遠東和太平洋兩個戰場，只能放棄遠東戰場，才能確保在太平洋戰場保持局部優勢，美軍參謀長馬歇爾下了決心：放棄菲律賓。

於是，成千上萬的美軍士兵和菲律賓士兵以及菲律賓的高官們被撤退到澳洲，只留下一些老弱殘兵來對付日軍。事後證明，這個戰略非常正確，正是由於保全了大量的主力部隊，沒有把這些寶貴的士兵生命犧牲在無謂的抗爭中，才為日後的反攻奠定了基礎。在其後的反攻菲律賓的戰鬥中，正是這些被保護下來的美軍部隊重新成為主力部隊，成為打擊日軍的中堅力量。

在二戰初期，美軍在遠東的兵力相對日本來說處於劣勢，因此採取主動「走」的策略，以避開鋒頭正盛的日軍的鋒芒，這是一種正確的選擇，並非只是簡簡單單的逃命，是保全自己的最佳策略。讀過《三十六計》的讀者早就知道「走為上計」是三十六計的最後一計，為什麼把它放在最後一計？大概是基於這樣一種思考：若利用以前所述的三十五種計謀，實在都不能奏效，那就只能走了。實際應用中，除了弱者經常用「走」的策略來迷惑對手以外，強者也用「走」來與敵人周旋。這裡有兩種情況，首先一種是經由「走」的形式來拖垮對手，使對手精疲力盡而後收拾之。畢竟，弱者是經不起被強者牽住鼻子「走」長路的，「走」得遠了便會受不了，不是被拖垮就是被包圍消滅。

另一種情況是強者用「走」來誘敵深入，誘惑充滿在競爭之中，有人專門放誘餌等待魚兒上鉤，而有人偏偏知道是誘餌卻心甘情願上鉤，這都是人性現象，無法用理論解釋，否則怎麼會有那麼多「魚兒」被鉤著？在戰爭中，誘敵深入，直至其走進羅網為止，都是要靠強者主動引路。也就是說，強者裝出一幅假象，引誘對手走進自己秘密設下的陷阱。不過一旦路引得不當，或裝得不像，對方便很有可能不會跟著你「走」。

在彼此的競爭中，學會「走」的本領的確很重要。「走」可以大事化小，小事化無，而不了了之；「走」可以壯大自己的力量，增長見識而羽翼豐滿；「走」可以在夾縫中找到自己生存的空間；「走」可以有力的牽引著敵人的鼻子，順利的將敵人拖進你的陷阱；「走」還可以直接將敵人拖垮，使其累死。

在高手如林的競爭世界裡，人來到這個世界時是兩手空空的，全身赤裸裸的，沒有任何可以抵禦野獸的武器，可是人類學會了避害趨利，這是人類的本能，無需指導，每個人的本能都會教自己如何去「走」。

「走」不是為了別人，而是為了更好的求生存、求發展、求自我實現，最終求得最大程度的成功。從這個意義上說，「走」是保全自己的一種最佳方式。

為了活命，可以裝死

第二次世界大戰中，盟軍的最大的登陸戰當屬諾曼第登陸了。在那次戰爭中，發生了很多故事——對後世有所啟發的故事。

為了配合登陸部隊，盟軍也派出了空降兵去攻擊敵人的後方。然而，由於空降兵在二次大戰初期使用得很少，以至於失敗的例子反而佔了多數。

其中有一支部隊負責攻打法國的一個小鎮，然而攻擊行動一開始就不順利，月光被烏雲阻擋使地面漆黑一團。一百二十名先鋒引導傘兵多數都找不到應該標記的位置，他們當中只有三十八人來得及在大部隊飛抵前設立好空降區的標示。大部隊低空進入空降區時遭到德軍防空火炮的猛烈打擊，許多飛行員為了躲避地面防空火力而違抗命令偏離了航線。結果，多數傘兵沒有被投放到規定地點。有的由於投放高度太低，連傘都沒打開就活活摔死，有的淹死在沼澤地，有的乾脆掉進了英吉利海峽。最遠的離預定地點竟有十公里之遙。在此後的幾天裡，這些傘兵們花了很多時間歸建。

在這片混亂中，有大約三十人的一組傘兵被陣風吹進了法國的聖邁瑞・埃格利斯鎮的中心——教堂前的廣場上。本來不應該有什麼事，可是恰巧地面上發生了一件看起來不相關的事，把事情搞砸了——教堂對面有一幢民房著火了。不是有人故意縱火，而是盟軍的燃燒彈墜落後引發的。教堂立刻敲鐘報警，一百多位居民跑出來救火。有人用手壓幫浦取水，其他人排成兩行向前傳水。駐紮在教堂周圍的德軍是一支後勤部隊，他們聽到警報後急忙出來警戒，端著槍監視著在那裡忙著救火的老百姓。德國人立刻開始對空射擊，廣場上頓時大亂。

一個傘兵連人帶傘掛住了教堂的塔尖懸在半空。他抽出傘兵刀想割斷傘繩。心裡一急，傘兵刀滑脫了手，掉了。緊接著不知哪裡就飛來一排子彈，有一顆打在他的右腳上，疼得他半死。往下一看，不得了，德國的增援部隊不斷進入廣場，大約有二十幾個傘兵降落在教堂周圍，他們一個接一個的被德國人射殺。有十幾個德國兵把所有的子彈全都射向一個纏在樹上的傘兵，把他打成像蜂窩一樣。看到自己的人的下場，掛在教堂尖的這個士兵頓時明白了，他不是超人，想要活，唯一的辦法就是別動。於是他兩手下垂，開始裝死。這招還真靈，居然把德國人矇過去了。

德國人清理戰場時發現了這個傘兵，不由分說就將其拿下，這個兵就成為戰俘被關押在鎮裡。後來，這次行動的指揮官柯拉斯率兵進了莊，柯拉斯小心翼翼的來到教堂前面也沒見到德國兵，連德國哨兵也沒發現，原來德軍為了躲避盟軍的轟炸，全跑到村外的一塊高地上。於是，他派人布置警戒，把教堂周圍的房子搜查一番，發現還有德國兵正在床上呼呼大睡，於是打死了十個，抓了三十個，順便把這個兵給放出來了。

如果當初這個傘兵在那裡亂掙扎，或者不甘屈服，向德國人開槍，即使他運氣好，能打死一、兩個，但是無論如何，最後的結局只有一個字——死。

所以說，有一句話不能忘：人生何處不縮頭。動物中也有智者，那就是：烏龜。不要看烏龜慢吞吞的動作，呆頭呆腦的模樣，這些都是人們的一種刻板印象。此外，人們常形容某人膽怯時的一個詞語——「縮頭烏龜」，更是對烏龜天大的冤枉。如果烏龜遇上天敵，不主動縮頭，而是硬碰硬，那才叫呆頭呆腦。其實，烏龜的主動縮頭只有一個目的：在不利於自己的形勢下，要退避三舍。正是因為這條重要的保命法則，烏龜才博得長壽的美譽。

有一句「而今學得烏龜法，能縮頭時且縮頭」，就是形容那些有長遠見識的人為保全自身而主動退隱的一條重要法則，也是在一切積極措施盡歸無效時所普遍採用的辦法。

能縮頭時且縮頭，實質是把實際上「強」的一面隱蔽起來，而故意裝作「弱」讓別人看見。碰到危難，或者不好解釋的事情，就裝出一副可憐樣，一把鼻涕一把眼淚，人們就會對他施捨憐憫和同情。中國人崇尚寬厚為懷，天生同情弱者，見弱而軟，便生惻隱之心：本來還想踹他一腳的不再踹了，甚至還伸出援助之手拉他一把也不足為奇。

憐弱是人的慈悲，縮頭卻是人的機智。

莫道箭縛強弓上，不得不發，如果從一開始便瞄錯了目標，為什麼不可以將箭從弓上撤下？既然連將要發射的箭都可以收回，縮頭也是一種必要的策略。縮頭是一種機智，是一種謀略。要知道，所謂縮頭，不是真的就「弱」。之所以以縮頭示人，是想以弱來迷惑對手。當對手被麻痺、防備懈怠的時候，你再以強攻擊，結局自然在不言之中。

常言道：「識時務者為俊傑」，所謂俊傑，並非專指那些縱橫馳騁如入無人之境、衝鋒陷陣無堅不摧的英雄，而且應該包括那些看準時局、能屈能伸的聰明者。所有的俊傑，必須具備這樣的素質，即能夠正眼看待現實，不浮躁，不虛妄，敢於直接面對人生的悲歡遭遇。

作為人中菁英的俊傑尚且要這樣，作為常人的你呢？

才不可露盡，力不可使完

一個人智商高、能力強，固然是一件好事，可以說，這是上天賜予的良好天賦。有了它，就可以在社會競爭中如魚得水，遊刃有餘。然而，由於事物的複雜多樣，環境的不斷變異，在某些時候，利與弊會不知不覺的轉換，想要常勝，就必須保持清醒的頭腦，瞭解自己，掌握對方和周圍環境，權衡利弊，得勢時就發揮智慧，失勢時就隱藏智慧。

隱藏自己又可分為兩種：一是藏拙，這是一般意義上的伏藏，也是最常用的，藏住自己的弱點，不給對方可乘之機；而另一種，也是更高明的——「藏巧」。

第二次世界大戰中，間諜活動達到了高峰：盟軍在德國安排了很多間諜，而德國也在盟軍的國家中安排了大量間諜，雙方互相鬥智鬥勇。諾曼第登陸期間，為了達到出奇制勝的效果，盟軍決定好好利用這些藏在英國的間諜，不但使他們為己所用，還要把他們一網打盡。盟軍故意發出一些錯誤的情報，以證明盟軍要在加萊地區登陸。

為此，盟軍假造了一個消息：巴頓帶領的美軍第一集團軍已經在英國準備就緒，進行訓練。報紙上不時的發出一些諸如「巴頓今天參觀了英國歷史上最悠久的城堡」、「巴頓出席了一個俱樂部的開幕典禮」等訊息。隱藏在英國和盟軍內部的德國間諜們如獲至寶，紛紛搶著向國內發回自認為重要的假情報，有的間諜甚至不顧暴露身分的危險，大白天在一些敏感地區（巴頓的出入場所）頻繁出沒，以獲得所謂的「一手情報」。

正是這些錯誤的情報，使德國人尤其是希特勒徹底堅定了自己對「盟軍要在加萊地區登陸」的錯誤判斷，進而把大量德軍布置在遠離諾曼第的加萊地區，最終造成德國的徹底潰敗。

那些間諜們，因為中了盟軍的計策，不但發回了大量錯誤的假情報，而且暴露了自己的身分，被盟軍反情報機關一舉清除。這些間諜們就是不懂得藏巧，明知自己在對方的陣營中屬於弱者一方，要很好的隱藏自己才能完成更多的任務。但卻過早的暴露自己的身分，把自己送上「敵人」的槍口，同時還成功的「欺騙」了自己的統帥，最終成就了盟軍的勝利。可見這句話的重要性：才不可露盡，力不可使完。

人生得意時，保存能量是一種藏巧，在大多數的情況下，才不可露盡，力不可使完。即使有知識、有才華，也應該適當保留，你才會加倍的完善。

戰場生存守則

永遠保存一些應變的能力，不要以為你的人生之路一帆風順，就可以驕傲自大，處處高人一等。其實，平時隱藏自己的部分能量，在最需要自己的時候，再出來適時救助，這樣的付出比全力以赴更顯得珍貴。只有有「心計」的人，才可以平穩的駕馭人生的航向。

為了成全別人，寧可犧牲自己

在第二次世界大戰中，盟軍為了爭奪北非這個戰略要地，同時派去了兩大名將——美軍的巴頓和英軍的蒙哥馬利，總司令是英國的亞歷山大將軍。

在一次重要的作戰行動中，由蒙哥馬利擔任主攻，巴頓輔助進行支援。然而擔任主攻的蒙哥馬利進展緩慢，而擔任輔攻的巴頓卻成為主角，由於推進速度太快，以至於跑到了蒙哥馬利的前面。

為此，蒙哥馬利向司令部抱怨巴頓不好好配合，搶佔了本應由他通過的區域，把自己進展緩慢的原因一部分的推到巴頓的身上。總司令亞歷山大將軍並未進行調查，就相信蒙哥馬利的這個說法，於是下令讓巴頓後撤，讓出道路以便蒙哥馬利通過。

對於蒙哥馬利這個明顯搶功的行為，巴頓並沒有據理力爭，因為他想到的是盟軍團結的大局，於是做出了決定，讓蒙哥馬利先通過，儘管這樣幾乎要把自己的部隊再重新撤回到出發的地點。

他的部下都非常氣憤，要求巴頓向上級揭發蒙哥馬利的小人行徑。巴頓經過深思熟慮之後，還是放棄了這個想法，把部隊大幅度後撤，讓出了本已到手的功勞。

巴頓的這次讓步，換來的是在進攻德國本土時蒙哥馬利的全力配合。這也是巴頓應得的回報，並且從此巴頓和蒙哥馬利成為好朋友。

假若巴頓據理力爭，雖然得到一時的勝利，卻會永遠得罪蒙哥馬利，在以後的軍事行動中，如果需要互相支援時，可能蒙哥馬利還會刁難他。可以說，巴頓至少這次的做法是完全正確的，讓一小步，換來後來的前進一大步，這是值得的。

為人處世採取遇事都要讓人一步的態度才算是最高明的人，因為讓一步就等於是為日後進一步留下了餘地，而待人接物抱寬厚態度的人最快樂，因為給人家方便就是日後給自己留下方便的基礎。投桃報李，下次再遇上對方會增加很多得益的機會。「為了成全別人而寧可犧牲自己」這條策略講的是在必要的情況下，該退讓時就要退讓，以讓出局部的小利益得到更大的利益。因為在很多情況下，總會出現無法兩全的境地，在這時，就需要你快速做出決斷。犧牲局部利益，換來日後更大的利益，這樣做才是最明智的選擇。

活下來，是唯一要做的事

在職場中，免不了會碰上一些小人，他們總是會以自己的利益為先。當你不幸與這樣的人共事時，你就要小心一些。在不影響你的大利益的前提下，可以考慮出讓部分利益，以換得整體利益的安全。這種情況下，沒有人會說你軟弱，相反的，只會稱讚你的明智。能夠這樣做的人，通常都是成功者。

戰場生存守則

不是你的任務，就不要攬在身上

第二次世界大戰期間，巴頓將軍是著名的美軍將領，聲名赫赫，威震敵軍。然而，就是這個巴頓，卻沒有得到美軍將領的最高榮譽——五星上將。為什麼？就是因為脾氣火爆，經常說一些不該說的話，做一些不該做的事，進而影響了他的仕途。如果不是時任盟軍總司令的艾森豪愛才，恐怕巴頓連參加第二次世界大戰的機會都沒有。在這裡，僅舉一例。

在二戰中登陸諾曼第成功之後，盟軍開始向法國內陸進軍，巴頓作為先鋒首當其衝。一路上所向披靡，進展十分迅速。因為成績卓著而屢屢受到盟軍總部的嘉獎，個人聲望也到達頂峰。然而就在這時，在巴頓的集團軍裡發生了一段小插曲，從某種意義上損害了美軍以及巴頓本人良好形象的事。巴頓從駐莫斯科的美國軍事使團獲悉，有一隊美軍戰俘最近將被德軍從波蘭戰俘營轉移到法蘭克福以東五十五英里處的漢梅爾堡戰俘營。巴頓想派一小支特遣部隊去營救這批戰俘。本來這樣的小行動對於一個集團軍司令來說是輕而易舉的事，然而問題在於這批戰俘中，有巴頓的女婿約翰・K・沃特，他曾經是布萊德雷的部下，在西點軍校時，他在戰術系工作，後來在突尼斯被俘。巴頓的大多數高級軍官都奉勸他不要這樣做。用一支大部隊去安全的完成這個任務，那是輕而易舉的事，但這毫無必要的嚴重分散了他的兵力，而用一小支特遣隊去執行這個任務，又確實太冒險了。他沒有與上級商量。如果他跟上級商量，上級會阻止他的行動。他不顧一切勸告，下令執行這個任務。這是一次大災難，營救隊實際上被吃掉了。（在這次營救行動中，沃特身受重傷，但沒有死，後來被其他部隊救了出來）。事後，艾森豪嚴厲訓斥了巴頓，但沒有採取行政措施。在向馬歇爾書面報告這件事時，艾森豪說：「巴頓耍了點小孩子脾氣，但他在事業上敢於開拓，不愧是一員戰將。」

其實，巴頓完全不必要這樣做，他可以向部下暗示一下自己的想法，或者乾脆向上級明白報告這件事，一向重視士兵的生命的美軍是不會袖手旁觀的。然而，巴頓卻過於相信自己的權勢，企圖「強出頭」，以便為自己再增加一件功勞，進而一意孤行，釀成過錯，雖然這件事最終在艾森豪的干預下，沒有對巴頓造成很壞的影響，然而卻是巴頓的一個污點，無法洗去。類似這樣的小事一件件累加起來，就會變成大事，巴頓得不到更高升遷的機會也就不難理解了。

人想「出頭」是天經地義之事，不想「出頭」的若不是淡泊明志，大概就是胸無大志；在自我壓力、環境壓力之下，想要取得不一樣的成就，不「出頭」恐怕是很難做到的，但是「出頭」也不是說讓你處處與別人搶風頭。

何謂「煩惱皆因強出頭」？

這要從「強」這個字說起。「強」在這裡有兩個意思：

第一個意思是：「勉強」。也就是說，自己的能力還不夠，卻勉強去做某些事。固然勉強去做也有可能獲得意外的成功，但這種可能性不高，通常的結果是：做失敗了，折損了自己的壯志，也惹來一些嘲笑。「失敗為成功之母」不是沒有道理，可是在別人眼中，你的失敗卻是「能力不足」、「自不量力」的同義詞。在由別人分配機會的環境裡，失敗是一種致命傷，而且還會成為烙印，跟著你一輩子，這是都市社會裡的現實，也是「強出頭」的煩惱。

第二個意思是「強行」，也就是說，自己雖然有足夠的能力，可是客觀環境卻還未成熟。所謂「客觀環境」是指「大勢」和「人勢」，「大勢」是大環境的條件，「人勢」是周圍人對你支持的程度。「大勢」如果不合，以本身的能力強行「出頭」，不無成功機會，但會多花很多力氣；「人勢」若無，想強行「出頭」，必會遭到別人的打壓排擠，也會傷害到別人，種下仇恨的種子，冤冤相報，這就是「強出頭」的煩惱。

戰場生存守則

從巴頓的教訓中我們可以知道在職場中生存的智慧：形勢所迫時可以「出頭」，但是不要

「強出頭」。謹記兩點：第一，本身能力不足時，就不要強出頭。第二，「大勢」不佳，「人勢」不足時，就不要強出頭。

不強出頭，自然可以降低損傷，可以和旁人維持和諧的關係，也可以透過冷靜的觀察，掌握大環境的脈動，等各方面條件皆已成熟，自然便可「出頭」！

莽撞行事，只會自討苦吃

二戰中的貝奇歐（Betio）戰役是美軍的慘痛教訓之一。

在登陸作戰時，美軍往往先是一個小時的火力攻擊，用大量的炸彈來消滅敵人。後來日軍發現了這個規律，就改變自己的戰術：在美軍進行火力攻擊時，士兵全部躲起來，等到美軍艦群停止炮擊後，再進入陣地。在貝奇歐，這個戰術獲得巨大的成功，對美軍造成巨大的傷害。

在照例的火力攻擊之後，美軍的一百輛兩棲車和一批坦克登陸艇組成三個攻擊波，在陸戰第二師二團團長蕭普上校的指揮下，開上了礁盤，向貝奇歐北岸直撲過去。

貝奇歐煙霧籠罩，但靜得怕人。此時，美軍的蕭普上校不知道日軍在戰術上的變化，他還以為像往常一樣，日軍被強大的炮火消滅得差不多了。

美國登陸部隊第一波兩棲車順利登上事前設定的一片海灘，看起來頗為順利。登陸部隊第二波剛剛駛近礁盤，日軍猛烈的炮火便直瀉到海面上，將一些兩棲車打成碎片。車上的士兵，全都跳入海中，日軍已從美軍炮火中清醒過來。

第三波兩棲車損失更為慘重。日軍七五公釐、五七公釐和三七公釐炮彈劈頭打來，大部分兩棲車烈焰沖天，車內彈藥爆炸，把士兵屍體拋上天空，撕成碎片。其餘的兩棲車驚恐亂闖，有的開進了礁盤上的礁坑，有的硬衝上沙灘被迎面炮火摧毀，有的僥倖逃回海裡。

原來，日軍柴崎司令官命令：「在這場敵優我劣的戰鬥中，務必將敵誘至我固定炮火的射程內，然後盡全力殲滅。」因此，日軍的小口徑炮全都發揮了最大威力。

日軍無休止的射擊，棄車涉水的美軍士兵雙手舉著武器，在礁盤上緩慢的前進著。機槍掃過，礁盤上留下了一片片血水。衝上海灘的士兵寥寥無幾，又立刻被日軍的機槍壓到沙灘上。

初升的太陽把沙灘烤得火燙，此時美軍秩序已亂，各單位的散兵全被阻擊在一道低矮的沙堤下，欲進不得，欲退不能。機槍子彈發狂似的在頭上幾寸的地方射過。許多安然經過瓜達爾卡納爾島那樣血腥戰的陸戰隊員，竟然在這個無名沙灘上戰死。

那些僥倖衝上海灘的美軍，他們克服了珊瑚障礙物和日軍的輕武器抵抗前進了九十公尺，但是又遭到猛烈側射，不得不後撤到海岸邊。

「紅一」灘包括島的「鳥嘴」和「喉嚨」（如果把這個島看作一隻鳥），由於美軍巡洋艦「達希爾」號的炮擊，鳥嘴處的工事多遭摧毀，登陸較為順利。但在此處，日軍設了最堅固的

戰場生存守則

火力點，登陸部隊受到三個方向的射擊，所有兩棲車均被摧毀，人員全部戰死。

這是盟軍在太平洋傷亡最慘重的一次，主要原因就在於美軍莽撞行事，一味猛衝，在日軍改變戰術之後，仍然死板的衝鋒，結果白白送掉許多士兵的生命。

其實，人生不僅僅是要展示你「硬」的一面。圖一時快活，使一時性子，話好說，事易行，結果卻會讓你頭痛。古人說，留得青山在，不怕沒柴燒。聰明的策略應該是，我們不硬拼，等待時機，靜觀其變，走著瞧！總之，血氣方剛，動輒便拼個你死我活，這是缺乏智謀的一種表現。一個人，一個各方面都很欠缺的人，過分逞強，無異於弱羊拼虎，以卵擊石，哪有不吃虧的？一個人太有稜角是不好的，社會是一個粗糙的磨刀石，專磨那些有稜有角的地方。一個人，如果不知道深淺進退，不知道自己的弱小，率性而為，危險就來了。有許多人便是因為逞血氣之勇，往往連怎麼失敗的都不知道。

那麼多失敗的例子，你一定要引以為鑑。

一第二章一

航空母艦吸引的往往是炸彈

航空母艦作為現代最先進的武器之一，有「海上活動武器庫」的美稱，是美軍作戰時依賴的主要作戰平台，由於它的強大，美軍才得以在全世界橫行；然而同時也有「吸引炸彈的磁鐵」的惡名，正是因為它的強大，往往在戰爭中成為對方首要攻擊的目標。同時，因為它的體積龐大，行動遲緩，而且無法隱身，一旦防衛被破，只有被動挨打的份。

因此，誕生了著名的航空母艦法則：不要使自己太顯眼。

不要使自己太顯眼

現代戰爭中，最為強力的武器當屬航空母艦了，以其火力強大，運載量超大往往成為戰爭中決定勝負的因素。美國的重型航空母艦排水量往往達到數十萬噸，可以同時裝載六、七十架戰鬥機和轟炸機，是一個名副其實的海上武器庫。

但是，應該看到，在強大的航空母艦作戰體系下，又隱藏著不容置疑的憂患。首先，作為編隊出戰的航空母艦由於船艦數量多、體積大，就成為龐大的目標，極易被發現和攻擊。二戰及七〇年代以前，由於通訊、偵察手段相對落後，岸基雷達和艦載雷達的探測距離不過幾十海里，相當於海上「近視眼」，進而對航空母艦的威脅較弱。

隨著資訊時代的到來，特別是軍事衛星的使用，使空中有飛機、海面有船艦、水下有潛艇的航空母艦編隊極易暴露在對手監視之中，而成為公開的「軍事秘密」。如此，對於基本上依賴艦載機或有艦船護航、只有最低限度的自衛能力的航空母艦，一旦某個環節或某個部位受到破壞，將使整個編隊的戰鬥力受到嚴重影響。

對於擁有大容量艙室（上千個水密艙）的航空母艦來說，設計上就有許多問題，如航空母艦水線以下艦體受損時，大量湧進艙內的海水足以導致艦體浮力儲備和穩定性的喪失，使艦體慢慢下沉。那麼，航空母艦在受到魚雷或反艦導彈的攻擊時，就顯得有些力不從心。

至於航空母艦的主要作戰兵器艦載機的使用則更給航空母艦增添了負效應。通常，海況在六級以上，艦載機就難以起降；同時，大面積的飛行甲板以及一些沒有裝甲防護的升降機、彈射器、攔阻裝置等一旦被擊中，就影響到艦載機的使用，進而降低航空母艦的作戰能力。

排除航空母艦受到攻擊的因素，閉上眼睛想一想，上萬噸的航空母艦載有大量的航空燃油和彈藥，從一定意義上來說就是一艘精心設計的海上彈藥庫和油庫，一不小心引起的火災和內部爆炸經常會造成重大的損害。

二戰期間，典型的航空母艦戰鬥破損中就有六六％來自於所發生的火災和內部爆炸，所沉沒的航空母艦中，也有二八％的原因是起火和爆炸，因此航空母艦在自我保護中存在著極大的脆弱性。充當「海洋衛士」的航空母艦，極大的依賴著後勤補給。一艘美國核子動力航空母艦在無補給條件下只能連續作戰十二天，而常規動力航空母艦則只能連續作戰七天。於是，在作戰艦艇儲油量不得低於滿載油量的七〇％的規定下，平均每四天就要補給一次。其補給方式有伴隨式和會合式，不論哪一種方式通常都需要三個小時，而且航速要求低於巡航速度（大約十五節左右），航向也需固定，這種狀態在戰爭中長時間持續是十分危險的，更不用說航空母艦昂貴的造價與奢侈的維護，光是這些相對於其他水面艦艇明顯存在的弱點，就使航空母艦的建造者與使用者望而生畏了。

可以說，航空母艦在顯眼的同時也招來了災難，戰爭中，航空母艦往往是對手的首要打擊目標。因此，也就誕生了所謂的航空母艦法則：不要使自己太顯眼。

這樣的規則在生活中同樣適用。

沒有哪個人不想美名遠揚的，殊不知這裡面卻潛伏著無數的危機。因此，職場中的一些智者，總注意把握住分寸，不要使自己的光芒太為耀眼，以致使得主管的形象顯得相形見絀、黯然失色；要有意識的掩飾一下自己的美德卓行，甚至故意做出幾件自損形象的事，以使主管得到一種心理上的平衡，進而釋疑化妒，以求自身的安全，這是身處職場中的人保全自己的一種高明的方法。

如果你在工作中處處出風頭，搶功勞，使自己的光芒蓋過了主管，主管自然會心中不悅。如果碰上有肚量的主管，還會好一點，但是如果你碰上了一個氣量小的主管，你的大禍不久就

戰場生存守則

要臨頭了。

在職場上，還是藏一點光芒的好，即使你有韓信之才，蕭何之謀，這樣才是保全之道。

藏得更好的狙擊手，才能活得更久

在《美軍守則》中，有這樣一條狙擊手法則：狙擊，就是比誰藏得更好。

現代武器的發展使得狙擊手的命中率已經無法再有什麼新的突破，特別對於那些頂級狙擊手來說，唯一有變化的決勝因素就只剩下偽裝一項了。

藏與露，是能否成為頂級狙擊手的首要因素。為此甚至誕生了一門專門的戰場偽裝術。一個頂級的狙擊手不一定是槍射得最準的那一個，但一定是藏得最好的那一個，這是一條經歷了血的考驗的法則。大漠日落時分，守護了整整一天的「狩獵者」——美國陸軍狙擊手蘭德爾・戴維斯軍士的視線裡出現一個目標——一名全副武裝的伊拉克人悄然現身在三百碼外的屋頂！

為了在這個經常有美軍士兵被反美武裝份子擊斃的地方奪回曾經的優勢，美軍派出了反狙擊小組來對付敵人的狙擊手。蘭德爾・戴維斯率領的「影子狙擊小組」就是其中的精銳反狙擊小隊。不過不幸的是，戴維斯從早上就開始守候，在酷熱的大漠烈日下，這樣的守候簡直不亞於地獄之旅！然而受過嚴格訓練的戴維斯明白自己肩上的重擔，他只能等下去，並且要把自己藏得更隱密，不能被對手發覺。到了日落時，目標終於出現了。

二十五歲的戴維斯回憶剎那間的情景時描述說：「天剛黑，那個小子的身影突然出現在落日的餘暉中。」現身的時間可謂稍縱即逝，伊拉克人眨眼間又閃身屋頂的陰影中，開始沿著屋頂匍匐前進。戴維斯心裡清楚這個伊拉克人在找什麼——他是想獵殺美軍「狙擊手」王牌部隊——他率領的美國陸軍第二〇步兵團第五營B連的狙擊班士兵。

戴維斯一眼就判斷出房頂上的那個伊拉克人是狙擊手自有他絕對可靠的道理：「如果是普通人上房頂，他們上去以後就會很隨意的四處走走，很自然的做他們要做的事，可是那傢伙故作鎮定，而且一直試圖藏身於陰影中。」

戴維斯在這邊屋頂上透過他的「M-14」狙擊步槍的瞄準鏡監視著那個伊拉克人的一舉一動。不一會兒，那個伊拉克人又犯了一個致命錯誤：「他隱藏在腰際的槍露了出來，顯然是準備瞄準院子裡的什麼人！」

戴維斯開槍了，憑藉訓練有素的技能，他知道只有朝目標上方近四公尺高的地方開火，才能擊中，因為風速和子彈的重量都會對能否擊中目標造成決定性影響。「咻」的一聲，子彈經過一千二百五十多公尺的距離，擊中那個人的胸部，武裝份子應聲倒地。「我射中了他的胸膛，他頭一仰便倒在地上，手裡的槍也摔出老遠。」這是戴維斯一天之中打死的第八個伊拉克狙擊手。

戴維斯率領的「影子狙擊手小組」共有十名神槍手，是美軍在伊拉克的拉馬迪市用來對付伊拉克武裝份子的秘密武器。之所以叫「影子狙擊手小組」，就是說明他們的任務主要是隱藏起來，等待適合的時機去獵殺目標。因為面對人數眾多的伊拉克武裝份子，他們在火力和人數上處於劣勢，只有藏而不露，該露時露，才能有效的保全自己，消滅對手。

戴維斯五歲時第一次摸槍，那時他的目標是松鼠，長大以後目標變成野鹿，入伍後瞄準鏡中的目標就成為「敵人」。他說：「這和打獵不一樣。你費盡心計，一槍擊斃了目標，但沒有人在旁邊歡呼，連你自己都來不及高興。因為這是戰場，看著自己的同伴身處槍林彈雨中，你就不由得要馬上尋找下一個目標，然後瞄準、射擊……」戴維斯率領的「影子狙擊手小組」一般是不為人所知的，尤其是對手，美軍對他們的行動也是極少報導，但以狙擊來對付狙擊被證明是一種最有效的方式。

狙擊手本身既是戰場上的終極殺手，也是戰場上的首要被殺目標，「狙擊手的剋星就是狙擊手」這個說法永遠也不會過時。人人都知道，戰場上狙擊手的重要性，所以狙擊手成為首要目標也不足為奇。

於是，如何保全自己成為狙擊手的首要任務，偽裝是狙擊手要上的第一課。由於狙擊手往往是單獨活動，最多也是兩人小組，像上文中所述的小隊是不多見的。以一對眾，無論你是多麼優秀的人，你都要明白，只有命在，才有勝利。只有深藏不露，才有一槍斃命；一旦暴露，就會成為對方活生生的靶子，這才是真正的狙擊手守則。

應用到生活中，就是如何把握藏與露的訣竅。

一個人處世的方式多種多樣，歸納起來不外乎兩種，一種是外露型的，一種是隱忍型的。而何時「藏」與「露」才是成大事的關鍵所在，所以看透「藏」與「露」的關係是一個人想成大事的一大智慧。

外露的處世者一般生性耿介，心直口快，有什麼說什麼，眼裡裝不進一粒沙子。這種人自然不失其熱心，不記仇，不整人，但缺少婉轉迴旋，尤其是在機智上稍遜一籌。隱忍的處世者顯得深沉許多，心裡藏得住祕密，喜怒不形於色，比較圓通。他們隱忍有度，能屈能伸。這種人在為人上比較隨和，可是一旦害起人來，不動聲色，「殺人不見血」，叫人防不勝防。一般來說，人們對這種人警戒頗多，認為他們過於狡猾。

然而，在現實生活中，並沒有誰標榜自己的個性是外露還是含蓄，也不可能隨便給誰貼上標籤。相反的，大多數人都在追求「二合一」式的為人方式。給人留下直爽印象的人，骨子裡可能隱藏著什麼不便明說的小秘密，而那些讓人覺得陰險的人，可能張口就說自己是一個直腸子。其實，這就是一種深藏不露的處世哲學。

有些人為了達到出人頭地的目的，「韜光養晦」，長線投資。這類人中不乏「忍辱負重，臥薪嚐膽」之徒，為了達到某種目的，他們常以聖人般的言行出現在人們面前。生活上，勤儉克己；工作上，推功攬過；處世上，左右逢源，成為為人處世的佼佼者。

一般來說，置身職場，當自己的力量處於弱勢，比如能力還不夠強大，威望還不夠高的情況下，必須韜光養晦，做到深藏不露。但藏而不露的根本目的不在藏而在露，你必須看準時機在該露的時候毫不猶豫，立刻脫穎而出，當然，在藏的時候，並非被動的四處躲藏而是藏中有露，時而藏時而露，神龍見首不見尾，這樣才能保證他日時機一到，你能一出必成。

以別人為師，可以避免別人對你的攻擊

第二次世界大戰中的盟軍總司令艾森豪就是一個非常聰明的人，他懂得與各國將領的相處之道，因此也贏得各國將領的共同擁護，進而成就他的一世英名。

二戰期間，為了統一指揮盟軍的行動，以及未來將要進行的在法國海岸登陸的計畫，美國提議成立盟軍總司令部，由總司令部統一指揮盟軍的作戰行動，以避免各國的自以為是、兵力分散的弱點被德軍抓住。

盟軍總司令部成立後，誰來出任盟軍總司令卻成為一大難題。因為美軍兵力佔優勢，所以盟軍總司令要在美軍的將領之間產生。最負聲望的是馬歇爾，但是美軍總部和羅斯福總統更需要他；另一位有可能的人選麥克阿瑟狂妄自大，處處好為人師，不僅不善於化解衝突，有時甚至「善於」激化衝突；而巴頓的威望不夠。最後，經由馬歇爾的推薦，當時還是一名普通上將的艾森豪以其謙遜的態度和低調的作風得到了各國（主要是英、美）將領的一致認可。同時，美軍還破例將其軍銜擢升為五星上將——美軍的最高軍銜，以使他的軍銜能夠高於盟軍其他將領，進而能夠順利的領導其他國家的高級將領。

在就任盟軍總司令時，艾森豪就說：「在專業上，各位將領都是我的老師，我來不是為了命令大家，是為了和各位一起共同對付德國軍隊的。我的主要任務就是為各位做好後勤工作，為你們提供最堅強的後方支援。」艾森豪的演講一下子博得了各國將領的好感。在艾森豪的帶領下，盟軍完成一個又一個重大戰役，直至最終打敗德國。

艾森豪以別人為師的處世方法，為他贏得了無上的榮譽。

以人為師是一種處世的聰明方式，至少這樣可以使你免受攻擊，任何人都不會去主動攻擊一個以自己為師的人。同時，在人群中，你以別人為師，除了可以增進自己的能力之外，也可以滿足對方的優越感以及虛榮心。相反的，如果一個人總是想「為人師」，總在處處「糾正」別人的「錯誤」，而自身的本領又不高，很容易激起他人的反感，進而成為眾矢之的，極易招致眾人的攻擊。所以說，身處職場中，還是謙虛一點，把機會主動讓出來，讓別人去當那些徒有虛名的老師。你則可以躲在這些「老師」的身後，安穩的度過每個難關。

處於優勢的時候，不要自以為是

二戰中，美軍在太平洋的戰鬥中屢傳捷報，基本是打一仗勝一仗，於是美軍便開始驕傲自大，總以為自己比日軍的武器先進，戰術高明，把日軍已經打得毫無反抗之力，自以為是的美軍很快就吃了苦頭。

在一次登陸作戰中，美軍碰上的對手——日軍的粟林司令是一個很有頭腦的統帥，他針對美軍的戰術制定了有效的對策：美軍登陸初期不和其硬碰，等到他們上岸後，立足未穩馬上發動反擊，這時，由於敵我混戰，美軍的優勢火力以及空中和海面上的支援都派不上用場。事實證明，這樣的策略是正確的，美軍由於輕視日軍，付出了慘痛的代價。

剛登陸時，根本沒有反擊，美軍錯誤的認為守島日軍被炮火消滅得差不多了，於是就放鬆了警惕，有的美軍士兵甚至大搖大擺的把槍背在身後，準備兵不血刃的佔領全島。但當登陸的美軍推進了兩百餘公尺，美軍炮火剛剛開始向後延伸時，日軍司令粟林就下令守島部隊進入抗登陸陣地，根據事先早已測算好的資料，對登陸軍隊進行反擊。日軍炮火準確的覆蓋了登陸灘頭，一時之間，美軍被完全壓制在灘頭，傷亡慘重，前進受阻。陸戰第四師在日軍猛烈炮火阻擊下，在島東北部南面的高地附近受阻，一整天幾乎寸步難行。

經歷了這次慘痛教訓，美軍再也不敢輕視處於窮途末路的日軍。

「自以為是」在戰場上換來的是血的教訓，在生活中同樣獲得的只會是失敗。有很多人想靠自以為是來顯示一下自己的優勢，殊不知，此為拙劣之舉。請不要自以為是，以為自己比別人總多一點智慧，自以為是的人永遠都會傷害別人的自尊心。對自己，對他人都造成不利的影響。因此，做人總要謙虛一點，聽聽別人的意見，肯定會讓對方感到滿意，這樣你就有機會影響對方。

比如談判，有時候，人們在談判中雖然考慮到很多技巧，但是實行起來仍是不盡如人意，反而弄巧成拙，與談話者陷入一種僵持不下的敵對場面，使氣氛格外緊張。在這種氛圍下談判是使人感到傷腦筋的，談判的雙方都覺得自己與對方似乎有很深的隔閡（其實根本不存在，只是心理上的感覺罷了），不能進行深入的溝通，感到彆扭、尷尬、不舒服，甚至惱怒，這是雙方溝通的失敗。

究其原因，雙方都對對方不滿意。但是雙方都不讓步，都自以為聰明，不願迎合對方。從一開始就進入敵對狀態，劍拔弩張，哪裡還有餘地溝通，分明是仇人相見，分外眼紅。

因此，如果我們在談判的一開始就注意到這一點，讓這次談判有一個好的開始，讓其在緩和愉快的氣氛中展開，在融洽的氣氛中結束，這對雙方來說，都達到了溝通的目的，而且增進了友誼。

戰場生存守則

特別是在預先知道這次談判是無可避免的要與對方爭論的情況下，更應該懂得這個迎合對手、使對方滿意的技巧，它將使你和對方在愉快的心情中達成一致的協定。

所以，在一開始談判的時候，就應該讓對方說「是」。當然，這比較困難。首先，你在談判前應該考慮你要說的話，這些話包含的內容應該是對方肯定的，而且也是你自己肯定的。

由談判中的道理可知：最好的成大事的方法就是一開始就將對方導入與你一致的方向——肯定的方向，而不要讓他持否定的觀點。這樣至少能夠讓他暫時忘掉爭執，並且很樂意的接受你的意見。等他想起與你爭論時，也許早已被你所「同化」。所以，一個有技巧的人會讓對方在開始時就覺得他的話很有道理，而表示出肯定的意思。這樣他心情鬆弛，放鬆防備，連連同意你的看法，在不知不覺中就接受你的建議，順從你的要求，最終你會達到目的。這其實是一種心理戰術，讓他不覺得你有「敵意」，心理防線不斷向後拉，最後站到你這邊。

有時候，把你自己的想法說成是別人的創意，給他一些優越感，未嘗不可。法國一位哲學家說：「如果你想樹立一個敵人，那很好辦，你拼命的超越他，擠下他就行了。但是，如果你想贏得朋友，必須做出小小的犧牲，那就是：讓朋友超越你，在你的前面。」其實，這是一個很簡單的道理，每個人心中都有一種當重要人物的感覺，一旦別人幫助他實現了或讓他體驗了這種感覺，他當然會對這個人感激不盡。當別人超過你，勝過你時，可以給他一種優越感。但是當你凌駕於他們之上時，他們內心便感到憤憤不平，有的產生自卑，有的卻嫉恨在心。所以，你要謙虛的對待周圍的人和事物，鼓勵別人暢談他們的成績，自己不要喋喋不休的自誇自擂。每個人都有相同的需求，都希望別人重視自己、關心自己，為什麼不肯犧牲一點點，讓別人得到愉快的體驗？

多一個朋友，就會少一個敵人

《美軍守則》中，有一條著名的航空母艦法則：不要使自己太顯眼。這條法則如果運用到人性中，就是不要去當出頭鳥，處處得罪人，進而將自己置於最不利的境地，這條法則成為許多美國總統的座右銘。

美國總統林肯以偉大的功績和完美的人格獲得人們的衷心敬仰，他的許多事蹟世代被人們傳誦，但是他在成長道路上也曾經因為得罪人而經歷許多坎坷。

林肯年輕的時候，住在印地安那州的一個小鎮上，不僅專找別人的缺點，也喜歡寫信嘲弄別人，而且故意丟棄在路旁，讓人撿起來看，使得厭惡他的人越來越多。後來，他到了春田市，當了律師，仍然不時在報上發表文章，為難他的反對者。有一回做得太過分了，把自己逼入困境。

一九四二年秋天，林肯嘲笑一位虛榮心很強又自大好鬥的愛爾蘭籍政治家傑姆士・休斯。

他匿名寫的諷刺文章在春田市報紙上公開以後，市民們引為笑談，惹得一向好強的休斯大發雷霆，打聽出作者的姓名以後，立刻騎馬趕到林肯的住處，要求決鬥。林肯雖然不贊成，卻也無法拒絕。身高手長的林肯選擇了騎馬用劍，請求陸軍學校畢業的學生教授他劍法，以應付密西西比河沙灘的決鬥。後來在雙方友人的排解下，決鬥風波才告平息。

這件事給林肯一個很深的教訓，他認識到批評別人、斥責別人甚至誹謗別人的事是最愚蠢的人才會做的，一個具有優秀品格的人，經常是揚棄惡意而使用愛心的人。林肯從此改變了自己對人刻薄的做法，以博大的胸懷贏得了民心，林肯的教訓及成功值得人們仔細體會。

減少眾怒的另一種方法是利用言語的歧義開脫一部分被攻擊者，這樣有利於減少眾怒。在這個方面，馬克・吐溫的策略是較為成功的。幽默大師、美國著名作家馬克・吐溫有一次對人民發表演說。在演說中，他義憤填膺的說：「美國國會中，有些議員是婊子養的！」這樣的一句話，引起了美國國會議員們的鼓噪，說是人身攻擊，一定要馬克・吐溫道歉。

後來，馬克・吐溫就在報上登了一則《道歉啟事》：「美國國會議員中，有些議員不是婊子養的！」那些吵鬧的議員終於無法可說。由於馬克・吐溫巧用辭彙，以減少眾怒，因而使得當時激起的風波得以平息。

多加了一個「不」字，效果卻大相逕庭，這就是為人處世的高明哲學，相信這會對你有所啟發。

成人之名得利法

在二次世界大戰中，為了實現英軍在攻佔義大利行動中佔主角的地位，英軍將領蒙哥馬利擅自決定，冒險把自己的主攻方向移到了本應由美軍擔任主攻的方向。而且為了保證這個計畫得以實現，他還決定先斬後奏，在未與任何人（包括上級和美軍將領）商量的前提下，就命令部隊開進原本屬於美軍的作戰區域，造成戰場上一片混亂。

這種做法明確的表達出英國人對美軍的不信任，他們把美軍排斥在主要作戰行動之外，美軍完全失去奪取大城市——墨西拿的機會，而淪落到為英國人當配角的地步。

美軍將領布萊德雷對此十分惱火，因為這樣一來，名聲全被英國人佔去了，美國人只能站在英國人的身後，充當英國人的影子。

但是盟軍總司令艾森豪考慮得更遠，一方面是出於對盟軍內部團結的需要，未開戰自己人先吵起來，對戰局是不利的；另一方面，反而給了美軍一個千載難逢的良機，可以趁此機會轉移主攻方向，轉向其他重要的城市，把墨西拿這塊硬骨頭留給英國人去啃。於是，他毫不遲疑的接受這個近似無理的行動。

最終，英軍因為面對強大的敵人，付出巨大傷亡才拿下重鎮墨西拿，美軍卻因為避開了要塞，轉而攻打一些小城市取得更大的戰果，僅僅付出不到英軍一半的傷亡，進而把戰爭中的實際利益牢牢的握在手中。

在這裡，艾森豪採用的就是「成人之名得利法」。艾森豪雖然是盟軍總司令，但他同時也是一個美國人，從心底裡偏向自己的國家和士兵。在蒙哥馬利提出明顯不公平的方案以後，艾森豪想的不是據理力爭，而是看到了更遠處，主動替美軍讓出得名的機會，並且爭得能得到實利的機會，還讓對方無話可說，這種策略，可謂高明。

人世複雜，有很多人為名聲而活，也有很多人為利而活，就是那種「為了金錢不要命」的人，除此之外，人世間還有第三種人，就是名利雙收的人，他們能在關鍵時刻處理好名與利的關係，達到名利皆得。不用說，第三種人是偉大的人，也是人們說成大事的人，這種人是最高明的人。當然，還有一種人，也是有大智慧的人，那就是：深刻懂得棄與取的關係的人，這種人也是成功人士的代表。

人是一種喜好名聲的動物，因為名聲是一個人的無形資產，能透過各種方式轉化為有形的利益，最直接的利益是能帶來金錢。例如，大牌明星拍一個幾分鐘的廣告，就可以得到數百萬的廣告費；名氣還可以帶來跟金錢同樣重要的東西，如尊重、發展機會等。

「成人之名得利法」就是利用人的好出名心理，以尋求合作，進而帶來更多的機會。在用法上，當然不限於給予署名權或命名權，凡是能給對方帶來名聲，都屬此列。

吹捧對手，使之誤入歧途

二戰期間，盟軍為了對德軍進行心理戰，派遣一些情報人員秘密潛入敵後，進行各種的心理欺騙工作，其中最著名的就是名為「第一號秘密轉播站」的秘密電台的設立及其成效。

它以德國一家私人電台的面目出現，播音員自稱「上級」，自我介紹說是在第一次世界大戰中建有功勳的德國高級軍官，一個具有德國人暴躁脾氣的人，他緊緊抓住德軍高級軍官對希特勒的不滿，主要向德軍高層進行虛假的宣傳工作。

在盟軍進行諾曼第登陸戰的前夕，這個電台發布了一個假消息，說盟軍部隊最害怕的將領就是德軍的隆美爾將軍，如今因為隆美爾在加萊地區日夜守衛，以至於盟軍無法選擇準確的登陸日期，因此在歐洲登陸的計畫被迫暫時延遲。

隆美爾得到了這個消息以後，個人的虛榮心得到了極大的滿足，再加上盟軍確實沒有在近期行動的跡象，同時天氣又十分惡劣，德軍普遍認為盟軍沒有近期登陸的計畫，於是隆美爾回家為夫人慶祝生日。德軍其他的高級軍官也紛紛放鬆了警惕，前線只留下隆美爾的參謀長在戰備值班。

然而，盟軍偏偏在這天登陸了，結果是德軍前線陣地只有剛剛接任的德軍新的西線總司令馮・龍德施泰特元帥和隆美爾的參謀長，而他們兩個人都無權調動戰略總預備隊，因此直接導致了德軍的潰敗。

盟軍採用的就是，把德軍中最有實權的隆美爾「調離」了前線陣地，進而為盟軍的登陸行動創造了極大的有利條件。現代商戰中也有這樣的事例：

一天，東京京橋的蛇目衣車工業總公司的社長島田，收到松下的一封詞句誠懇的親筆信，他正在高興之際，記者鈴木「駕臨」。島田遞過信，朝記者先生神秘的一笑，很得意的說：「這是松下先生寫給我的親筆信。」

「你認識松下先生嗎？」鈴木接過信問道。

「不，從來未見過面。我是久慕他的大名，至於他，恐怕也聽說過我。」島田高興的說。

鈴木打開那封信，字跡清秀工整，立即給人嚴肅認真的印象。信的大致內容是大加誇讚蛇目衣車獨特的經營作風，松下電器也想涉足此行業，請島田到京都的真真庵詳談。

真真庵是松下長期以來招待賓客的京都宅邸，如果不是松下自己的客人，是不會在那裡招待的。對瞭解這些內情的島田而言，接到如此榮譽的請柬，自然萬分感動。

但是，記者鈴木讀完這封信，職業本能讓他感到裡面大有文章，否則松下不會給素未謀面的島田寫這樣的親筆信。

也許是記者的職業毛病，鈴木直言不諱的提醒島田：「島田先生，這可能是松下幸之助的陰謀！」

島田吃驚的看著記者的臉：「什麼？你說的陰謀是……」

「蛇目衣車在全國有六百家營業所，假設六百家營業所都出售電器產品，結果會怎麼樣？你不認為是對松下電器的威脅嗎？」鈴木看著天花板自顧自的說：「松下的計策，你還沒有看出來？」

剛才還興致勃勃的島田，聽了鈴木的話，沸騰的血有些發涼了。

但是島田不相信那是松下的陰謀，還是毅然接受了松下先生的讚美，獨斷專行的走專業化道路，結果導致了最後的失敗。

松下盛讚蛇目公司「專業」經營的用意，經過鈴木解釋，島田應該有所懷疑並加以戒備。但是，島田並沒聽進去，相反的，他還把松下的親筆信刊登在公司內部報刊上，向員工誇耀自己的想法如何高明，以至於受到「經營之神」的賞識。

十多年後，在談到蛇目衣車衰敗的原因時，鈴木記者一針見血的指出：「在我看來，是因為松下的計策巧妙得逞的緣故。」而松下先生也沒有對此加以否認。

通常，當一個人被他人稱讚以後，總會過分感覺到要做得更好，不能丟臉，結果往往會弄巧成拙。松下沒有必要讓島田的企業在衣車行業中水準失常，只是要島田的注意力全部集中在衣車上，希望他即使經營不善，也不要涉足到電器行業中。

島田越把松下當作「經營之神」尊敬，效果越好。松下正是因為認識到這一點，才寫那封信給島田，後來的事實又偏偏證實了這一點。

松下給島田的信再高明不過了，他用心良苦，徹底使島田放棄了競爭的打算，避免無謂的「流血犧牲」，職場中也可應用這樣的高明策略。面對一個對手，如果你沒有足夠的把握戰勝他，不妨採用這樣的策略。通常一個人無論他警覺性再高，也不會對別人的讚美步步設防。

運用這個策略的時候，要注意以下兩點：

一、不要引起對方的戒心。如果你的目標是要取代某個人，最好把消除對方的戒心放在第一位。只有這樣，你的下一步行動才能繼續進行，否則一開始就讓對方對你「嚴密盯防」，你的一切都會前功盡棄。

戰場生存守則

二、要根據實際情況，對對手的優點加以稱讚，而不是以面代點，胡亂加以吹捧，有時弄不好就會「拍馬屁拍到馬蹄上」，最後弄巧成拙。

盛氣凌人，只會引火自焚

先來看一個美軍名將麥克阿瑟的例子：

二戰前期，在前所未有的擔任了五年陸軍參謀長以後，麥克阿瑟認為，羅斯福一定會把他的四星軍銜和職位保留到一九三五年十二月十五日，也就是他任職的最後一天，他就能以四星將軍的軍銜去馬尼拉。然而，一貫盛氣凌人的麥克阿瑟連總統也不放在眼裡，他不斷的和羅斯福發生一些小衝突，而且還錯誤的認為他堅持了自己的信念。然而在政治上，麥克阿瑟只是華盛頓政治舞台上一個不入流的業餘選手，特別是他的對手是羅斯福這樣精明的政治家。麥克阿瑟剛一離開華盛頓，羅斯福就任命潘興的學生馬林・克雷格將軍為新的參謀長。官方的說法是：如果保留麥克阿瑟的四星軍銜至十二月中旬，將會在十個星期內削弱克雷格將軍擔任參謀長的能力。麥克阿瑟不知道，他是羅斯福的迂迴策略的犧牲品。羅斯福不但把麥克阿瑟給流放了，而且在他離開華盛頓後，巧妙的摘掉了他的四星軍銜。十月二日，當火車停在懷俄明州的

戰場生存守則

夏延，麥克阿瑟收到羅斯福「把他免職、立即生效」的電報。麥克阿瑟不僅不再擔任參謀長，而且他的軍銜還被降為少將。

麥克阿瑟之所以得禍，就是因為一貫盛氣凌人的他，不懂得收斂自己的鋒芒，反而像一隻刺蝟一樣，處處展現出他的尖刺，還把它當成一種美麗的外表向旁人炫耀，引火自焚只是遲早的事。

一個人自恃才能過人，總是表現過多，就會給別人帶來壓力和不快，將你視做眼中釘、肉中刺，尤其是當你的傲然之氣非常明顯的表現出來的時候，有些人甚至會怒火中燒，不擇手段的對你施以明槍暗箭。

在實際生活中，以自己的優勢或長處而自覺高人一等或因此而看不起對手的做法是要不得的。在美國德州，有一家銀行，吸收了很多存戶，銀行的老闆以此自傲，就招來一個同行的嫉妒，想將他搞垮，於是不惜犧牲十萬元的活動費，叫手下到該銀行開立活期存款的帳戶，約有一千多個戶頭。不到一個星期，這些存戶同一時間一起去提款，在該銀行大廳排起長龍大陣，同時在外面又大放謠言，說該銀行資金發生問題。因此別的存戶也恐慌起來，紛紛向該銀行提款，結果該銀行因無法應付只好宣告破產。

作為一個企業或者個人，尤其是一個自認為有才華、有前程的人，必須做到心高氣不傲，這樣既能有效的保護自己，又能充分發揮自己的才華，同時還要戰勝盲目自大、盛氣凌人的心理和作風，凡事不要太張狂、太咄咄逼人，而且應該養成謙虛讓人的美德。這不僅是有修養的表現，也是生存發展的策略。

巧妙的掩飾之所以是贏得讚揚的最佳途徑，是因為人們對不瞭解的事物抱有好奇心，不要一下子展現你所有的本事，一步一步來，才能獲得紮實的成功。倘若你處處表現賣弄、志得意滿時趾高氣揚，目空一切，不可一世，這樣不被別人當靶子打才怪！所以，無論你有如何出眾的才智或高遠的志向，都要隨時謹記：心高不可氣傲，不要把自己看得太了不起，不要把自己看得太重要，必須審時度勢，盡量收斂鋒芒，以免引火自焚，影響前程甚至危及生命。

第三章

不要和勇敢的人在一起

《美軍守則》中，有最不可思議的一條，那就是：不要和比你勇敢的人躲在同一個彈坑裡。

仔細揣摩，才可以明白其中的深意：和比你勇敢的人躲在一起，他很容易搶先出擊，不顧同伴的死活，結果往往是他先犧牲，下一個死的就是你，這是不善合作的表現。

善於選擇對自己有益的朋友

第二次世界大戰中，在進攻瓜達爾卡納爾島的戰役中，雖然戰役初期美國海軍陸戰隊已經控制了局勢，但在進攻開始後的第二天，一架日軍飛機襲擊了隆格角，引起了海軍軍官對基地所羅門群島陣地的密切關注。由於一九四二年日軍取得了早期的勝利，美國海軍仍處於恢復之中，不能再損失更多的船隻。在中途島戰役損失了一艘航空母艦，又在珊瑚海戰役損失了另一艘航空母艦的法蘭克・弗萊契海軍少將，不願在瓜島損失第三艘航空母艦。此外，負責掩護的澳洲海軍少將克拉徹利也擔心他的艦隊在圖拉吉島和瓜島之間的水道裡落進陷阱。特遣部隊司令里奇蒙德・特納海軍少將告訴總司令范德格里夫特將軍說，他在該海域無法帶領沒有保護的海軍艦隻，無論是航空母艦、驅逐艦，還是運輸艦。因此，參加「望台行動」的海上支援部隊不得不在進攻開始後僅七十二小時，就從所羅門群島撤退。

指揮登陸作戰的范德格里夫特將軍顯然對這個決定大吃一驚，因為這樣一來，他的海軍陸戰隊就完全失去了海上的掩護。他的擔心很快就成為事實，一九四四年八月八日晚，日軍進行了一次大規模反攻。日軍一支特遣部隊衝進瓜達爾卡納爾島和圖拉吉島之間的水道，在薩沃島幾乎擊沉了「臨陣脫逃」的弗萊契的整個艦隊。四艘重型驅逐艦在薩沃島戰鬥中被擊沉，其餘遭重創。

在這裡，弗萊契顯然可以歸入「損友」一類，在友軍最需要他的時候，他卻擅自決定離開戰場，目的僅僅是為了保全自己的實力，最終卻得到了報應，下場完全不值得任何一個人同情。俗話說，多一個朋友多一條路。一個人沒有朋友，就差不多無路可走，寂寞一生，當然人生之中要交到益友不易，很多時候多是損友，何為損友？就是當面對你一套，背後捅你一刀之人，所以想在社會上生存，不用點心計為自己著想，也許就難以成就大事。

一個人若誤交了朋友就會耽誤一生的幸福，明明生活美滿，但是可能被朋友拖累得自己身敗名裂，嚴重的可能招致「牢獄之災」，甚至「殺身之禍」，故擇友時不可不慎重。

有些人交友，總希望能結交到一些有錢有勢的朋友，想想也許可以受其餘蔭，更期望有朝一日「一人得道，雞犬升天」，想緊跟著貴人來實現及時顯貴的夢想。情願高攀奉承依附著權勢，假借虎威以壯聲勢，期望能得到些好處，所以對那些有權勢的朋友百般馴服，言聽計從，情願效犬馬之勞，不惜失去個人人格，這種人永遠難以成大事。

其實，真正懂得交友的人，多能交上對自己有益的朋友。他們多注重朋友的學問及涵養，能在朋友的鼓勵下增強做大事的信心與動力。

有益的朋友有三種類型的人，即「正直的人」、「誠實的人」和「有教養的人」。而無益的朋友亦有三種類型的人，即「虛偽的人」、「個性軟弱的人」和「卑諂善辯的人」。這裡所謂「益友」、「損友」就客觀而言，實在很難加以定論，孰是孰非更難分辨。尤其從認識結交當時，並沒有跡象顯示朋友的缺點或壞處，就純粹交朋友的立場而言，如果不幸交到了損友，也不意味著世界末日，只要堅持自己一貫的做人處事原則，不要受到朋友缺點的影響，甚至可以利用機會婉言開導他，勸導他改邪歸正、重新做人。

在人際關係中不僅要以「誠懇」的態度和「互助」的精神互相激勵向上，保持和睦、和諧的人際關係。更要隨時保持自己的原則和自主性，不能無主張的任意與朋友妥協以致和一些不良朋友「同流合污」，甚至與朋友「狼狽為奸」而危害社會並斷送自己的前程。

好的開始是成功的一半，選擇良好的朋友，對今後人際關係的展開不僅有所幫助，而且對自己的前途亦有相當的助益。

因此，在現實情形之下，交朋友不交那些吹捧你的人，而應該交一些能經常給你一些忠言，經常提出一些意見的人，你首先應該覺得這種人可貴，然後你再對之細加分析，如果他提

戰場生存守則

的逆言都是事實，對你有利，那就是「忠言」。俗話說，「忠言逆耳利於行」，對於這種人你就應該與之誠交、深交，因為他也值得一交！

一個人能否成大事與自己所交的朋友密切相關，好朋友其實就是你最大的貴人，有些人因朋友相助而獲得成功，也有人因受「朋友」之害而遭致失敗，甚至傾家蕩產，妻離子散！所以，在交友的過程中，務必要多加考察，擇其益者交往。

不要在身邊埋設「定時炸彈」

在第二次世界大戰中的萊特灣海戰中，日軍為了打破美軍的封鎖，派出幾個小艦隊去打突襲戰。其中，南路艦隊的兩個分隊分別由西村中將率領「扶桑」號和「山雲」號主力艦、「最上」號巡洋艦和四艘驅逐艦，而志摩中將則率領自日本出發的三艘巡洋艦和四艘驅逐艦在後，相隔約三十公里。但是這兩支艦隊各自為戰，對友軍的計畫一無所知。志摩和西村在日本海軍軍官學校一起受業，卻因升遷緣故而明爭暗鬥；西村起初較為高級，志摩則擢升順利，趕過了他。志摩掌管比較小型的艦隊，在官階上卻比西村還要資深六個月，論作戰經驗則西村較為豐富。然而他們兩人卻不大願意互相合作，兩支艦隊又沒有一個統一的指揮。

當日軍的艦隊到達後，很快就被美軍發現。美軍驅逐艦發現日艦後，沿海峽的兩邊夾攻敵艦，美軍驅逐艦發射第一批魚雷，不出半小時即已重創西村的艦隊。笨重的旗艦「山城」號中彈，驅逐艦「山雲」號沉沒，另兩艘驅逐艦也失去戰鬥力。西村發出最後一道命令：「我們受到魚雷攻擊，你們繼續前進。」

受傷的主力艦「扶桑」號、巡洋艦「最上」號和驅逐艦「時雨」號繼續朝萊特灣駛去。凌晨四時，「山城」號突然噴出大量火光，原來一枚魚雷擊中了它的彈藥庫，這回可難逃劫數了。四時十九分，「山城」號終於傾覆下沉，當時西村的司令旗還在艦上飄揚。「扶桑」號也挨不了多久。而那些從珍珠港的泥淖中打撈上來的美軍的舊主力艦，正在海峽口往來遊弋，等著日艦的到來。那簡直是海軍將領夢寐以求的形勢——美艦成一字形橫隊，日艦則排成一路縱隊駛來，航線恰好與美艦成一直角。美艦的舷炮可集中猛轟為首的敵艦，但敵艦只能從艦首炮塔發炮還擊。

隨著美軍指揮官的一聲「攻擊」令下，美軍的驅逐艦做出最沉重的最後一擊，其巡洋艦也投入戰鬥。頃刻之間彈如雨下，命中「扶桑」號及「最上」號。兩艦起火，艦身震動不已，不久「扶桑」號上發生連串巨爆，損毀不堪，整艘艦已成火海，在海面漂浮。黎明前，「扶桑」號斷為兩截，沒入水中。著火焚燒的「最上」號稍後沉沒，只有驅逐艦「時雨」號能以三十節航速逃脫。

接著，志摩中將領著艦隊駛進一片混戰的海域，周圍都是西村的殘餘艦隻。他不知道先前發生了什麼事，也毫無周密的作戰計畫。艦隊還未深入海峽，唯一的輕巡洋艦「阿武限」號便被魚雷擊中，航速減慢，逐漸落後，二艘重巡洋艦和四艘驅逐艦則繼續朝滿天烽火的地平線駛去。大約凌晨四時，志摩遇上西村艦隊中唯一逃脫的驅逐艦「時雨」號。「時雨」號沒告訴志摩慘敗的情形，只發出信號說：「這是『時雨』號，艦舵發生故障。」（到了最後的保命時刻，兩支艦隊還在暗鬥。）

以後的情形簡直荒謬得可笑。志摩繼續深入海峽，看見一堆黑影，急忙發射魚雷，接著他的旗艦「那智」號竟然撞及在漆黑的海上猛烈焚燒的「最上」號。徒勞無功的志摩當下不再戀戰，還是逃命要緊，志摩把以身殉國的誓言忘記得一乾二淨，掉頭返航。

蘇里高海峽之役在黎明時分結束，日軍一敗塗地。美軍只損失了一艘魚雷艇，另有一艘驅逐艦受創，日軍南路艦隊幾乎全軍覆沒。

西村和志摩本是好友，如果合作得好，戰鬥力會相應提高許多。然而，正是因為兩人之間的糟糕關係，成為艦隊的最大殺手。試想如果兩支艦隊互相呼應，發現或受到襲擊時通報對方對手的方位及其他情報以使友軍加強戒備，也許會保全一支艦隊，至少不會敗得那麼慘！

從這場戰役中可以得出一條教訓，那就是：不要在身邊埋設「定時炸彈」。想要把「仗」打好，首先要把同事的關係經營好。

你有時也許會有這樣的困惑：「老闆對你印象不錯，你自己的能力也不差，工作也很賣力，但卻總遲遲達不到成功的頂峰，甚至經常感到工作不順心，彷彿有一隻看不見的手在暗中扯你的後腿。百思不得其解之後，你也許會灰心喪氣，頹然嘆道：「唉，那是上帝之手吧！」

錯了，朋友，如果你當真遇到上面說的這種困惑，提醒你一句，也許那不是什麼上帝之手，而是你左右同僚的手，很可能，是你與他們的關係上出了什麼毛病！

如何處理好同事之間的關係成為人在職場時最難做好的一件事。不過，有一個原則可以幫助你。一般同事之間，彼此年齡不同，同事關係也是多樣的，只要你熱情、友好、大方、滿懷善意，你得到的將是理解、信任和友誼。相反的，冷淡、自私、小氣、算計他人，則會招致別人的反感、懷疑和戒備。

有兩種態度容易損害同事關係：一種是待人刻薄，還有一種是處心積慮的算計他人。一個企業裡，這樣的人越多，則人際關係越複雜，「內耗」越嚴重，工作效率越低。相反的，大家都集中精力於工作，不過多的關注別人的缺點，人際關係就會比較正常、簡單，工作效率就會提高。「不在身邊埋設『定時炸彈』」，確實是處理好同事關係的一條原則。

跟著好將領，才能打勝仗

在歷次由美軍主導的戰爭中，凡是有需要他國幫助的時候，絕對會發現英國人的身影。這是因為，只有英國死心塌地的跟隨美國，對美國的政策完全百分百的擁護，美國和英國就成為歷次戰爭中的難兄難弟。

英國為什麼會對美國如此死心塌地的跟隨？這是因為英國是少有的與美國同樣持霸權主義想法的國家，再加上幾百年的侵略史，使得英國的歷任首相都有濃厚的戰爭背景，想要重現日不落帝國的輝煌。然而，隨著國力的每況愈下，英國人已經意識到，單憑自己力量已經很難得到哪怕一點實惠，只有選擇一個「志同道合」並且是足夠強大的合作夥伴，才可以使自己不致落後於世界之林，美國就成為唯一的選擇。

從英國選擇合作夥伴的故事中我們可以得到啟發，一定要選擇對自己有所幫助的，才能在人生的道路上助自己一臂之力。美軍部隊中流行一句話：「跟著好將領才能常打勝仗」，就是同樣的道理。

必須承認，一個人的生活環境對他樹立理想和取得成就肯定是有某些影響的。這樣一來，你應該設法與那些成功者交往。傾聽他們的訴說，也以自己的力量給予他們幫助，就可以與他們建立和諧融洽的人際關係。

成就一項事業，需要很多人同心協力，只有學會「與英雄共舞」，你才能夠享受到成功的歡樂與光榮。

有些失去了進取心和抱負心的人，他們過著消極頹廢的生活，但是他們閱讀了鼓舞人心的書籍或是聆聽了勸人上進的演講之後，他們在最不利的環境下激發了內在的潛能，往往在幾個月之間產生了巨大的變化。

如果你經常與那些理想高遠、對工作全力以赴的人，或是與那些和巨大苦難做艱苦鬥爭的人相處，就很容易對那些值得去做的事抱以熱情和興趣，進而使你更容易獲得成功。

疏遠合作，是軍事行動中一條重要原則

在戰場上，美軍有一條不成文的法則，就是兩支不同國家在軍事行動中的軍隊不可混在一起，要各走各的，自己完成自己的任務。雖然需要互相配合，但那也被限制在一定距離上。原因只有一個：如果兩支軍隊混在一起，很容易發生混亂，一旦遇上混戰，就會出現各自的軍官找不到自己的部隊的事情，同時也容易出現誤傷自己人的現象。這也是從一些血的教訓中得出的另類規則。第二次世界大戰中，在北非登陸戰中，美軍和英軍是行動的主力。剛開始，並沒有嚴格的命令要求兩國的軍隊保持一定的距離，於是兩國軍隊的指揮官都覺得可以充分發揮各自的優勢兵力以及空中優勢，以最快的速度打好這場戰役。

當時，兩國的空軍和海軍也是混合作戰。當登陸的部隊在遭遇了德軍頑強的抵抗後，就按兵不動，請求空中支援。盟軍的空軍司令部得到這個消息後，馬上派美軍的第五空軍師和英軍的皇家空軍二八大隊去同時支援這支受阻的部隊。也不知是出於什麼考慮，空軍司令部讓美軍和英軍的空軍同時出動，也許是為了保險起見吧，當支援部隊到了戰場時，才發現兩國的軍隊混在一起，並且與德軍的距離非常近，很難執行支援任務。由於地面上發生的是一場混戰，和地面上的部隊也聯繫不上，最後進行支援的指揮官想出了一個辦法：向地面上最尾部的部隊進行攻擊，這樣可以最大程度的保證自己人不受誤炸。然而地面上的部隊中，有一支美軍部隊由於行動過於迅速，已經攻到了德軍的後備倉庫那裡，也就是德軍的整個戰場的尾部。他們正想一鼓作氣把德軍的後備倉庫一舉炸毀，然而此時卻有一大堆炸彈從頭上掉了下來，結果是糊里糊塗的送掉了小命。就是因為這種類似的誤炸，美軍才訂立了這樣一條另類規則，但也是一條比較實用的規則，這條戰場上的規則反映在生活中即是疏遠合作原則。

凡事不可過猶不及。任何事情都有一定的限度和範圍，否則如今的社會肯定已經大亂，與人交往亦如此理。在與人合作的過程中，不要顯得親密無間，而應保持一定的距離。

每個人在準備和別人建立合作關係時，心裡都要有一種對「合作關係持續期」的估計：

第一類是「長期關係」。人們都渴望和自己家庭直系親屬的交往以及較近一些的親屬的交往能持續一輩子，如果造成這個關係破裂，你的心中一定會感到內疚和不安。

第二類是「中期關係」。這類關係持續期的長短，可以因朋友關係，鄰居關係，同事關係，同學關係而相異。

第三類是「短期關係」。大部分服務性行業關係屬於這一類，如營業員、大樓的管理員、送貨員、理髮師傅等。

在今天的生活中，隨著社會文明步伐的加快，隨著社會開放與變革進程的加速，「快節奏」成為社會的顯著特徵，這就導致了這樣一個怪異的兩極現象：一方面是人們的人際交往合作空間越來越大，人與人之間的交往越來越頻繁；另一方面是人際關係平均持續期縮短了。比如因為生活條件的改善，鄰居關係也因為搬遷次數而改變；因為職業流動，同事關係也因為變換職務而改變……

這種變動的速度越快，人與人之間的關係的持續期就會縮短，臨時性越來越明顯的成為人與人之間關係的一大特點。因此，要增加一個人生活中的接觸面，就必須既能建立關係，又能割斷關係；既要會交往，又要會疏遠交往。那些適應性最強的人，也是社會上最吃得開的人。

人的社會化日益明顯，但卻應知道人生還有獨立的時空。如果沒有獨處的空間，人的心裡實際上就會有不安全感，生活也難說有真正的自在。因而，與人合作、交往這根「弦」需要有張有弛，不能老是繃得緊緊的。過於頻繁的交往，往往會使人感到厭煩。

人們在人際交往中，一方面要「動若脫兔」，廣泛接觸社會，結交朋友認識生活；另一方面又要「靜若處子」，當「寂寞」時就要甘於寂寞，以便靜下心來，潛心鑽研。如此「動」、

「靜」結合，「親」、「疏」結合，不甘寂寞又甘於寂寞，正是展現了「既要會合作，又要會疏遠合作」的處世之道。

瞭解掌握了合作的「度」以後，你還要注意與人合作時應該切記的一些問題：

首先，不要做鴕鳥式的人。現代社會，白天少交友，晚上不出門，這樣的「安分守己的好好人」越來越少。這種人像鴕鳥一樣，把頭埋進沙堆裡，全然不顧外面的世界，顯然跟現代社會生活有距離。

其次，不要到處樹敵。生活中，除了「鴕鳥」式的人物，還有兩種人，一種是人緣好，朋友多，處處有人關心相助，他的生活道路顯得平坦而寬敞；另一種人四處樹敵，到處結怨，別人看到他，離得遠遠的，這樣的人生活道路上障礙多，活著也艱難。

現代社會是一個溝通的社會，強烈的人與人交往的意識，是現代人的一種品格，模仿鴕鳥的生活當然不行；與人交往，到處結怨更不可取。

盟友之間要消除分歧

第二次世界大戰中，德、義軍隊為了抗擊盟軍登陸義大利的西西里島，在西西里島布置了嚴密的防線。在西西里島的守軍為義軍第六集團軍，司令是古佐尼中將，下轄二個軍、四個野戰師、六個海防師、二個海防旅，共約二十五萬人，其中只有利佛諾師（Livorno）是機械化師，具有一定戰鬥力，其他部隊兵員均是從西西里當地人中強徵的，普遍存在著強烈的反戰情緒，他們認為如果盟軍登陸，抵抗越激烈，對家鄉的破壞也就越大，所以不願進行抵抗。

唯一令希特勒欣慰的是島上精銳部隊，即德軍的二個師：第十五機械化師和黨衛軍赫爾曼・戈林裝甲師，共約四萬餘人。這兩個師原計畫是前往突尼斯增援的，後因盟軍海空封鎖太嚴，突尼斯戰役又很快失敗，才滯留在西西里島。這兩個師名義上歸義軍第六集團軍指揮，但實際上直接聽命於德軍南線總司令凱塞林元帥。其中赫爾曼・戈林裝甲師裝備有德軍最先進的「虎式」重型坦克，具有極強的突擊力。

為防止盟軍登陸，西西里島守軍採取前輕後重的抗登陸部署。在南岸兩百公里海岸線上，只配置了二個海防師，每師防禦正面多達百餘公里，而且只構築了少量的工事。這二個師都只裝備輕武器，又沒有足夠的機動車輛，戰鬥力和機動力都非常有限。德、義軍主力位於島西北，準備在盟軍登陸時實施反擊，將盟軍趕下海，如果反擊不成，就憑藉縱深山地，進行持久戰。德、義軍原在西西里島部署有一千八百五十架左右的作戰飛機，但在盟軍猛烈攻擊下，大部撤回義大利本土，只留下五百餘架飛機為守軍提供空中掩護。

抗登陸準備中最大的困難莫過於德、義之間的矛盾，義大利第六集團軍司令古佐尼中將判斷盟軍極可能在錫拉庫薩至傑拉一線登陸，因此主張將義軍的利佛諾師和兩個德軍師部署在島西南部，但凱塞林擔心盟軍在巴勒摩登陸（與美軍版的計畫恰好一致），將會切斷撤回義大利本土的退路，因此不顧古佐尼的反對，將德軍第十五機械化師調到了巴勒摩，並私下囑咐兩個德軍師的師長，一旦盟軍登陸，立即實施反擊，而無需等待義軍的命令。這種行為，既分散了軸心國的反擊力量，又破壞了指揮系統，對於已經非常薄弱的防務，更是雪上加霜。正是因為德軍將領和義軍將領互相背叛，兩位司令也是貌合神離，怎麼能擋住盟軍的登陸大軍？

人與人之間存在著各種的差別，如思想、性格、意識、修養、利益等。這種差別是一種客觀存在，它不應該成為人們互相交往與合作的障礙。如果斤斤計較這些差別，要求別人與自己一樣想問題、一樣做事情、一樣好惡……則是一件使雙方都痛苦的事情，最終的結果只會導致失敗。

「如何化敵為友」，在合作問題上是一門高深的學問。

他曾經與你為一個職位爭得頭破血流，但是今天你們已經分別為不同部門的主管，雖然沒有直接接觸，但將來的情況又有誰曉得？所以你應該為將來鋪好路。

平時注意自己的言行，搞好與其他人的關係，善於合作，並且巧妙的利用你的合作關係，建立一個合作的原則，親有尺，疏有度，才能使你在生活中活得更完滿。

不能合作的三種人

在第二次世界大戰中，負責防守德軍西線的總司令是六十七歲的陸軍元帥格爾德・馮・龍德施泰特，即眾所周知的「唯一的普魯士人」或「元老」。這個獨斷專行、剛愎自用的馮・龍德施泰特，在希特勒早期征服歐洲的戰爭中擔負過很多重要工作，雖然年事已高，但肯定是一個難對付的敵手。他的主要下屬是「沙漠之狐」隆美爾，現在也是一個陸軍元帥，指揮B集團軍群。這個集團軍群包括在加萊附近的第十五集團軍和在諾曼第和布列塔尼的第七集團軍。馮・龍德施泰特的一些較好的師已派往蘇聯和義大利前線，但仍有具備不同程度戰鬥力的五十八個師。盟軍將在諾曼第與隆美爾的第七集團軍相遇，該集團軍包括有第二十一裝甲師在內的十四個師。

幸而在關於如何打退盟軍進攻的問題上，馮・龍德施泰特和隆美爾之間存在著根本分歧。馮・龍德施泰特主張機動防禦，即在盟軍登陸後，在法國腹地廣泛開展游擊戰。因此，他對海岸防禦不感興趣，他主張在遠離海灘的地方保持一支強大的機動預備隊。隆美爾正好喜歡與此相反的戰略。由於隆美爾在突尼斯曾經被盟軍的空軍主力打得無法調動兵力，知道德國空軍不可能有效的打擊盟軍的空軍，因此他認為機動防禦是不可能的。在他看來，想要取得決定性的勝利，唯一的辦法就是在開始的四十八小時內，把盟軍消滅在登陸灘頭。所以，他對保衛海岸線更感興趣，不願意在內地保留大量機動部隊；結果形成反映兩種矛盾觀點的妥協防禦戰略。隆美爾實施一項在法國整個北部海岸深溝高壘的宏大計畫——大西洋壁壘——在加萊地區重點設防，他原來以為這裡是突擊點。防禦工事包括自走火炮、掩體、防坦克壕、地雷、水下障礙物（防止登陸艦隻接近海灘）和遠離海岸漂浮的水雷。他把他的師緩慢的向海灘移動，構築了一套防禦工事。要是讓他放手做，他會把所有的師都調到射程以內的海灘上，並且把預備隊也調上來。但是，馮·龍德施泰特寸步不讓，大多數裝甲師仍留做預備隊。結果，由於海灘上的防禦部隊太薄弱，難以打退盟軍；而打游擊戰的部隊又太少，進而直接導致戰爭的失敗。

隆美爾被迫「選擇」了剛愎自用的上級——馮·龍德施泰特，這就註定了他以及德國失敗的命運。

在這個社會中，每個人都有可能成為你下一個合作夥伴。選對了合作夥伴，兩人同心，其利斷金；選錯了合作夥伴，兩人異心，各懷鬼胎，一切合作都泡湯了。合作前，本來是朋友一場，情深義重；合作後，朋友不但沒得做，還變成敵人。

憑一個人的力量成不了大事，憑一批人的力量，只要同心，可以解決任何難題。人的事業要發展，就避免不了與他人合作，如果合作彼此互補相容，對方就是你的一位貴人，如果合作彼此心懷鬼胎，對方就是你的一位剋星。一個人的缺點當然不可避免，對於一般的缺點與局限，我們在選擇合夥人時不能求全責備，要求對方十全十美，這實際上是辦不到的，因為自己都不是十全十美。但對於具有上面所言的三種缺點與局限的人，你一定不能與他們共同做事，因為這些缺點、錯誤是本質上的錯誤，是長期形成的，一時半刻也改不了。

人也不可能一眼看透，認識別人是相當困難的。唐朝大詩人白居易在一首詩中寫道：「贈君一法決狐疑，不用鑽龜與祝著。試玉要燒三日滿，辨才須待七年期。周公恐懼流言日，王莽謙恭未篡時。向使當初身便死，一生真偽復誰知。」

在這裡，白居易強調了識人的兩個基本方法，第一：實踐——試玉要燒三日滿；第二：時間——辨才須待七年期。這些都是一個人在成大事時必備的智謀。

—第四章—

太順利，往往是圈套

軍事行動中，彼此力量相差不大的雙方，倘若一方在進攻中特別順利，那就要小心了，極有可能是中了對方的圈套，因為對方並非真的不堪一擊。這是《美軍守則》中特別強調的一條保命法則。

鷹在起飛前，總是先收起翅膀

《美軍守則》中，有一條是這樣說的：如果你的攻擊太過順利，你往往是中了圈套。這條法則看似簡單，實則包含深刻的人生哲理：有些時候，表面與真相往往是背道而馳的。

在第二次世界大戰中的太平洋戰場上，美軍的對手主要是日本艦隊。起初，日軍的艦隊佔據優勢。在成功襲擊了珍珠港之後，他們的優勢更加明顯。於是，日軍艦隊起初的作戰方針就是猛衝猛打，不講究什麼戰術，他們也獲得了一些小的勝利。這時，日軍的指揮官便驕傲起來，認為美軍不堪一擊。到了一九四二年下半年，美軍的艦隊實力已得到大量補充，和日軍艦隊的實力已不相上下，但日軍對這個情況卻毫無察覺。這時，美軍太平洋艦隊的總司令尼米茲將軍便決定將計就計，繼續隱瞞美軍的真正實力，在和日軍的遭遇戰中，往往採取打了就跑的戰術，讓日軍以為他們還是強大的一方。到了中途島大海戰的時候，日軍終於為他們的輕敵付出了沉重的代價。一九四二年六月三日開始的中途島海戰，日軍最終共損失航空母艦四艘（「赤城」號、「加賀」號、「蒼龍」號、「飛龍」號）、重巡洋艦一艘、飛機二百八十五架，人員三千五百名；美軍損失航空母艦一艘（「約克城」號）、驅逐艦一艘、飛機約一百五十架，人員三百零七名。山本於五日下令停止中途島作戰，率聯合艦隊西撤。美軍乘勢追擊，於六日派艦載機三次出擊，又擊沉日軍重巡洋艦一艘，擊傷巡洋艦、驅逐艦數艘。中途島海戰改變了太平洋地區日美航空母艦實力對比。日軍僅剩重型航空母艦一艘、輕型航空母艦四艘，並損失大量飛行員。從此，日本在太平洋戰場開始喪失戰略主動權，戰局出現有利於盟軍的轉折。美國人終於報了珍珠港的一箭之仇。日本人在戰爭之初獲得了一些部分勝利，便認為美軍的實力不堪一擊，進而驕傲自大，忽視了美國巨大的戰爭實力，最終失敗那是在所難免。由日本人的教訓可以得出結論，那就是：不要被表象迷惑。不知你是否看過鷹的飛翔動作，牠在起飛的一剎那，必先把翼緊緊的收住，然後再突然打開，這樣才能獲得足夠的起飛動力，才能一飛沖天。做人也是一樣。實際生活中，有些人看起來平凡無比，甚至還給人「窩囊」、不中用的弱者感覺，但這樣的人不可小看。有時候，越是這樣的人，越是在胸中隱藏著高遠的志向抱負，而他這種表面「收翼」，正是他心高氣不傲、富有忍耐力和成大事、講策略的表現。這種人往往能高能低、能上能下，具有一般人所沒有的遠見卓識和深厚城府。

一個人，無論你已取得成功還是還尚未出師下山，其實都應該謹慎平穩，不引起周圍人不快，尤其不能得意忘形、狂態盡露。特別是年輕人初出茅廬，往往年輕氣盛，這個方面尤其應該注意。

一位書法大師帶著徒弟去參觀書法展。他們站在一幅草書前，大師搖頭晃腦的一個字一個字的往下讀，突然停住了，因為那個字寫得太草了，大師一時也認不出來，正左想右想之時，徒弟笑道：「那不就是『頭腦』的『頭』嗎！」

大師一聽就變了臉色。他怒斥道：「輪得到你說話了嗎？」

這個徒弟顯然是有才的，但也顯然不懂心高不可氣傲這個道理。這次惹惱了師父，大師以後能不能喜歡他就很難說了。

一個博士生論文口述之後，指導教授對他很客氣的說：「說實在話，這個方面你研究了這麼多年，你才是真正的專家，我們不但是在考你，指導你，也是在向你請教。」

博士再三鞠躬說：「是老師指導我方向，給我機會。沒有老師的教導，我又怎麼能表現這麼好？」

可以贏得指導教授的肯定和讚美是一件多麼值得驕傲的事，但是博士生沒有因此得意洋洋，而是謙遜的感謝導師，這種得體的表現會贏得眾教授的好感，對他只會有益而不會有害。

戰場生存守則

所以說，懂得勝不驕、有功不傲的人是真正懂生活、會做事的人，他們會因此而成為強者，成為前途平坦、笑到最後的人。

為了生存，可以「裝假」

在二戰太平洋海戰場上，人們關注更多的是美、日海軍之間進行的波瀾壯闊的航空母艦大戰。其實，兩國潛艇在水下同樣展開了激烈的角逐。在著名的珍珠港事件和中途島海戰中都閃現著日本潛艇的影子。戰前，日本有六十二艘潛艇，美國有一一一艘潛艇。戰爭期間，日本建造了一一七艘潛艇，並接收了八艘德國潛艇。美國在戰爭結束時有兩百六十艘潛艇，其中兩百零六艘是為戰爭時期建造的。

一九四五年六月，為破壞日本內海航行，切斷日本與亞洲大陸的聯繫，美軍太平洋艦隊潛艇司令部決定派遣潛艇秘密通過水雷區，突入日本海，實施代號為「騙子戰役」的突襲戰。

為了突破日本的水雷陣地，美軍與加州大學軍事研究部合作研製了一種探雷器，還有多種消磁工具。一九四五年五月二十七日下午，第一艇群的三艘潛艇悄悄駛離關島阿普拉基地，向西北方向的朝鮮海峽前進。此後兩天，第二、第三艇群各三艘潛艇也分別出發了。六月四日，九艘潛艇先後到達朝鮮海峽的入口處，開始以三節的航速在水雷陣中偷渡海峽。經過一番努力，九艘潛艇均安全通過雷區，悄悄抵達預定的作戰水域。

六月九日，第一艇群三艘潛艇進入攻擊位置。日落後不久，「海鮫」號率先對佐渡島以北數海里處的一艘運輸船發起攻擊，在六百五十公尺距離上僅以一枚魚雷即將其擊沉，為這支代號為「海德曼妖婦」的部隊首開記錄。

在這次遠征作戰中，「海鮫」號共擊沉六艘日船，總噸位七千兩百噸，是第一艇群之最。「克立威爾」號擊沉三艘大船和二艘小船，總噸位六千七百噸，「鏟魚」號擊沉五艘大船和四艘小船，總噸位八千七百噸。第二艇群的活動水域橫跨從朝鮮通往若峽灣和能登半島的交通線，這裡往來船隻頻繁。「鰩魚」號在六月十日與日軍伊一二二號潛艇遭遇，在七百三十公尺距離上用兩枚魚雷將其擊沉。它的總戰績為擊沉三艘日船和一艘潛艇，總噸位六千四百噸。「骨魚」號擊沉了六千八百九十二噸的「牡鹿山丸」號和五千四百八十八噸的「昆山」號兩艘日船，但於六月十八日不幸被日艦發現擊沉。第三艇群活動在朝鮮東海岸。「飛魚」號於六月十日清晨在清津港外擊沉一艘日本運輸船，首開記錄，它在這次行動中共擊沉二艘大船和數艘小船，總噸位四千兩百噸。「泥魚」號在指定水域遇到了數百艘朝鮮魚船和二艘運輸船，它的戰果是擊沉了這二艘運輸船和一艘帆船，總噸位三千噸。「廷奴沙」號的戰績是擊沉日船四艘，總噸位六千六百九十七噸。

七月四日，「海德曼妖婦」部隊順利返回珍珠港。

這是一個為了生存而主動裝假的典型例子。美軍潛艇部隊相對於日本海軍艦隊來說是一個典型的弱者，況且又是在日軍的地盤上作戰，自然要「悄悄駛離」並「偷渡」海峽，並進行潛伏攻擊，才能收到奇效。

由這個例子我們可以得知，人不太容易改變自身的強或弱，但卻可以用示強或示弱的方式來為自己爭取有利的位置。誠然，每個人有先天的強與弱以及後天的強與弱，無論是強也好，弱也好，我們可以透過學習及經驗的累積，巧妙的獲得生存的機會，進而為自己爭取較豐沛的利益。可見，在社會上行走時，遵循「遇強則示弱，遇弱則示強」的法則是尤為必要的。

「遇強則示弱」的意思是：如果你碰到的是一個有實力的強者，而且他的實力明顯高過你，你不必為了面子或意氣而與他爭強。因為一旦硬碰硬，固然也有可能摧折對方，但毀了自己的可能性也很高。因此不妨示弱，以化解對方的戒心。

強欺弱，勝之不武，大部分的強者是不做的。但是也有一些富侵略性的「強者」有欺負「弱者」的習慣，因此示弱也有讓對方摸不清你虛實、降低對方攻擊有效性的作用；一旦他攻擊失敗，他便有可能收手，而你便獲得了生存的空間，並逆轉兩者態勢，他再也不敢隨便動你的腦筋。至於要不要反擊，你要慎重考慮，因為反擊時你也會有所損傷，這個利害關係是要加以評估的，何況還不一定能擊敗對方。因此，須謹記——「存在」才是主要目的。

「遇弱則示強」的意思是：如果你碰到的是實力比你弱的對手，就要顯露你比他「強」的一面。這不是為了讓他來順從你，或滿足自己的虛榮心或優越感，而是弱者普遍有一種心態，不甘願一直做弱者，因此他會在周遭尋找對手，以證明他也是一個「強者」。

你若在弱者面前也示弱，正好引來對方的殺機，徒增不必要的麻煩與損失。示強則可以使弱者望而生畏，知難而退。所以，這裡的示強是防衛性的，而不是侵略性的，而侵略也必為你帶來損失，若判斷錯誤，碰上一個「遇強示弱」的對手，你不是會很慘嗎？

人群裡沒有絕對的強與弱，只有相對的強與弱；也沒有永遠的強與弱，只有一時的強與弱。因此強者與弱者，最好維持一種平衡、均勢。只要你願意，也不論你是弱者或強者，「遇強則弱，遇弱則強」的方法是一個極其有效的生存方法。

風暴總是在看似最平靜的海面產生

美軍戰史教學中，有一個值得注意的現象：比較注重研究失敗。至今他們還在反覆研究越戰，對波斯灣戰爭的研究卻著力不多。相比之下，他們更善於從失敗的「面」上看到「為何失敗」的「裡」。

越南戰爭是美軍戰史中最慘痛的一筆，雖已過去二十多年，但一堆高級軍官還在那裡，反覆探討美軍當初怎麼一步步深陷泥潭。與此形成對照的是，世人以為美軍戰績最耀眼的波斯灣戰爭，卻放在一邊至今未列入教案，即便講課中偶然提到，也有用心良苦的安排。例如美國國家軍事學院的「突襲、矇騙、預警和戰爭」一課列舉五個戰例，其中出現了波斯灣戰爭，與之並列的卻是一九六八年越軍的新春攻勢。聽課學員在領略「沙漠風暴」行動前一天，美軍有能力把雷射導引炸彈扔到海珊頭頂上的同時，也領略到越南人民軍能夠在新春佳節的凌晨，突然把攻勢推進到美國駐西貢大使館和駐越美軍司令部門前。

戰場生存守則

人們常說失敗是警鐘。美軍之所以如此熱衷於研究越戰，無非想從失敗中獲取勝利。現在很多美國軍官直言不諱，認為波斯灣戰爭的勝利得益於越戰。當年從金蘭灣狼狽撤出的第二十三步兵師兩位青年軍官科林·鮑爾少校和諾曼·史瓦茲柯夫中校，波斯灣戰爭時皆以四星上將軍銜擔任美軍指揮作戰的主要將領。前者是參謀聯席會議主席，後者是波斯灣戰地美軍中央總部司令。

失敗是警鐘，勝利又何嘗不是警鐘。波斯灣戰爭之後，美國的軍事評論家紛紛指出美軍發展歷程中那條馬鞍形路線：前次勝利往往導致下次失敗。

兩次世界大戰的勝利沖昏了美國人的頭腦，導致在朝鮮戰場和越南戰場上連續失敗。美國人認為，如果被波斯灣戰爭的勝利沖昏頭腦，也必然會導致在下一場戰爭中失敗。軍隊內部也不斷有人告誡波斯灣戰爭局限性很大，對未來作戰的指導十分有限。現在，他們幾乎沒有人把波斯灣戰爭的勝利看作是單純高科技兵器的勝利或軍事勝利，而是越來越強調取勝過程中的地緣政治因素。參聯會主席鮑爾的觀點最具代表性，他說：「沙漠風暴行動是與理想的敵人進行的一場理想的戰爭……我們獲得了理想的聯盟、理想的設施和理想的戰場，我們在總結戰爭經驗時應該格外當心。」

對失敗捉住不放、對勝利格外當心的心態推動了下列現象的出現：

冷戰時期美軍組織的對抗演習一般是扮演「己方」的美軍獲勝；波斯灣戰爭後多數對抗演習的結果則是「敵方」勝，「己方」敗。一九九四年在位於羅德島上的紐波特海軍軍事學院舉行的大規模海上對抗演習最為典型。在這場有八名海軍將軍、四十名海軍上校和一批政策分析家參加，設想下個世紀初在西太平洋沿岸與某大國發生對抗的演習中，美國海軍遭到沉重打擊，實施有效防禦之前第七艦隊的航空母艦被巡弋飛彈擊沉，海上編隊鎩羽而歸。「這種一次又一次置自己於敗軍位置的做法，從某種意義上反映了美軍一種更加急切的求勝心態。」一位美軍戰略分析家道出了其中的奧秘。

面只是「表」，裡才是「因」，就像海洋的風暴往往是從看似最平靜的海面上產生，只有善於從「表」看到「裡」的人，才能看清人生的本質。看事是這樣，識人也是同樣的道理。

在職場上，你經常會遇到這樣一些人，他們誇誇其談，也能經常引經據典，妙語連珠，他們總是氣勢逼人，讓你感覺到一種無形的壓力；他們交友無數，時常會在各種場合認出自己的新識故交，而後寒暄良久；他們也能在大庭廣眾之下大聲說笑議論，好像別人都已經不存在，雖然有許多人正在目不轉睛的注視著他們；對於別人交給他們去做的事情，他們會信誓旦旦，又拍胸脯，又下保證，但轉眼他們就會把剛才的保證忘得一乾二淨；他們極其關心社會公益事業，對不合理的現象也義正詞嚴，但是他們不去想辦法制止，而是爭取一切有利時機來表現自己；在你的眼中，他們無所不能、無所不精、無所不在，但實際上卻又無所事事。

現在，請你仔細的回想一下，你是不是存在這樣的一個錯誤：你有無數個下屬，你的注意力被一些平日有說有笑、善於表達自己的人所吸引，而那些平日沉默寡言、不喜歡外露的人則被你所忽略，而且在這個過程中，你似乎忘記將更多的注意力投注在他們的實際成績上！

如果你真的犯了這樣的錯誤，你必須立刻加以改正。

不要以為去辨別一個能夠實事求是的和一個只知表現伶牙利齒的人是一件很困難的事情，把工作交給那些你想辨別的人，仔細考察最終的工作成績，你會很簡單的得出結論。而且，提供你一個建議，如果你和你的下屬都是勤於工作而不善表達的人，不妨在這個方面多加練習，畢竟你們還要說服不信任你們的其他人。

不要把珠寶拿給盜賊看

美國有一句諺語：不要把珠寶拿給盜賊看，這句話的實際意義是善於隱藏自己的真實目的，以使對手無法防備。一九四四年，在諾曼第登陸之前，為了達到出其不意的目的，盟軍實施了有史以來最大的欺騙計畫——「堅忍不拔」計畫。

為了使德國人相信盟軍不是在諾曼第而是在法國的加萊登陸，盟軍採取了多種措施。

首先，為了使德軍相信相反的東西，盟軍開始大規模的設立虛構的作戰力量和設置「錯誤」的集結地點。

盟軍總部派遣了二十多名軍官分散於蘇格蘭各地。在一九四四年的整個春季，他們一直互發電報，「第八十師需要一千八百雙登山鞋，一千八百雙滑板綁帶，兵團汽車連需要引擎使用手冊」……而且這些電報故意讓德國人截獲。

同時，又透過新聞媒體編造假消息。例如，曾經刊登過「第四集團軍的足球賽」等。英國廣播公司甚至還播放過諸如「在第七兵團戰地的一天採訪」之類的報導。

其次，在加萊海峽對面的多佛爾，英國人用電影和劇院的舞台布景人員建立了一個假的油料碼頭。英國國王鄭重其事的視察了這個設施，盟軍總司令艾森豪也對碼頭的完工發表了一次情緒激昂的演講。英國皇家空軍的飛機也天天在碼頭上空巡邏，使德國的偵察機無法降到一萬零六十公尺的高度下進行偵察。這樣，即使在德國偵察機的攝影機鏡頭裡，碼頭也沒有任何可疑。為了摧毀德國的運輸線和海岸炮兵陣地等軍事設施，削弱德軍對諾曼第登陸的反擊力量，艾森豪又命令對諾曼第和加萊地區進行了轟炸。每向諾曼第投擲一噸炸彈，就向加萊投擲二噸炸彈。在對比利時和法國北部的地下抵抗運動空投物資時，也採取了同樣的方式。儘管盟軍為此付出相當大的代價，從一九四四年四月一日到諾曼第登陸期間，盟軍共損失了一萬兩千名官兵與兩千架飛機。其中，為製造在加萊登陸的假象損失的官兵高達八千人，飛機高達一千三百架，但敵人被迷惑了。

最後，也就是「堅忍不拔」計畫的登峰造極之作，盟軍虛構了一個威脅加萊海峽的美國第一集團軍，並由巴頓去指揮第一集團軍。被英國情報處策反過來的德國間諜的假情報，使德軍很快知道了巴頓到了英國。巴頓在倫敦看了一場戲，光顧了幾家酒吧，參加了一次晚會等等，巴頓的名字也頻繁出現在報紙上——這些使德國人進一步相信，巴頓將指揮第一集團軍對加萊發動進攻。狡猾的德國人上當了，希特勒落入了圈套！

蒙蔽別人最關鍵的在於掩飾自己的真實意圖和目的，不能讓人發現，更不能讓人預見，所以詐者蒙蔽他人時，常玩的把戲便是聲東擊西。假裝瞄準一個目標煞有其事的佯攻一番，其實暗自瞅準別人不留心的靶子，然後伺機施以致命打擊。有時他似乎不經意間流露出自己的心思，實際上是在騙取他人的注意和信賴，目的在於突然發難而出奇制勝。

蒙蔽別人絕非奸邪之人的專利，它亦可用於達成好事善舉。例如在人際交往中，人們都是懷著一定的目的展開交際活動，或者為了尋求友誼，加深感情；或者為了交流切磋，互通資訊；或者為了尋求合作，獲得利益；或者為了求得幫助，擺脫困境。一般情況，雙方有了明確的交際目的，便於雙方的互惠互動，可以互相呼應。但是有時候，交際目的過於顯露，反而會有礙合作，不利於交際目的實現。這就需要隱蔽交際目的，進而達到異曲同工的效果。

不僅在交際場上，人生中更是要多提倡這樣的智慧，尤其是在面對勁敵的時候。

勁敵當前，不能不抗。不抗你是失敗了，但也不能硬拼。硬拼是勝是敗沒有絕對把握，應該選擇鬥智而不鬥力，鬥智不是放棄鬥力，而力的搏鬥，要放在最後。等到用力搏鬥時，已經是對手疲於抵抗的結局，勝算有十分把握，才出此最後的一擊，不然，萬勿輕易用鬥力的方

戰場生存守則

式。與勁敵鬥智，根本要訣，在於鬆懈他的注意力。要鬆懈他的注意力，你不要一味逞強，而要適當轉移對手的注意力。轉移對手的注意力要有步驟，逐步表現出你的主要目標不是他的跡象，使他信以為真，以為你對他不能構成威脅，自然產生對你輕視的心理。輕視心理的外表化，就是鬆懈對你的注意力，對方注意力的鬆懈，就是你的勝利。

為了勝利，可以對盟友撒一點謊

第二次世界大戰中，在盟軍登陸諾曼第成功以後，在向德國本土進攻的過程中，關於英軍和美軍的主角與配角問題使得兩國將領往往爭得面紅耳赤。盟軍總司令艾森豪為了調和兩國將領的衝突，做了大量的工作，然而收效甚微，情急之下，盟軍總司令艾森豪就想起了「必要時可以撒一點善意的謊言」這一招。

在一次大規模的行動中，原定由英國的蒙哥馬利擔任主攻，並且承諾給他調撥十個美軍師。然而在行動的過程中，艾森豪發現，英軍的進展緩慢，遠遠達不到他的要求，於是艾森豪一方面催促蒙哥馬利，讓其迅速前進，並且告訴他，增援他的部隊正在集結中，儘管這次集結不知道什麼時候才能完成。

美軍的第十二集團軍群司令布萊德雷成為了艾森豪計畫中的主角，他受命攻下雷馬根橋頭堡，並且把它作為全面進攻下一個重要目標卡塞爾的右翼鐵鉤。於是，布萊德雷逐漸加強在雷馬根的戰鬥行動，使所有參戰部隊只能前進，不能後退。他的戰略實質上是讓原定調派給蒙哥馬利的第一和第三集團軍全力執行目前的計畫，而不讓他們去充當英國人以六十個師的兵力進攻魯爾平原的配角。在成功奪取了雷馬根橋頭堡以後，艾森豪指示他死守雷馬根橋頭堡，並繼續擴大戰果，確保早日向東南挺進。

艾森豪命令立即投入五個師的兵力，以確保達到這個目的。四天後，三月十三日，艾森豪下達了書面命令：「佔領萊茵河東岸的雷馬根作為立足點，為支援『盜竊』和『低音』作戰行動創造條件，同時不減少原來分配給他們的戰鬥任務。第十二集團軍群要固守雷馬根橋頭堡，並由此出發，向法蘭克福挺進。」

這個命令實際上是在這場歐洲大陸戰爭中最重要的命令之一。這個命令顯示，艾森豪沒有跟美、英參謀長聯合委員會商量，就對既定戰略方針做了重大修改。他已正式批准第十二集團軍群的右翼鐵鉤計畫，同時，他宣布贊同越過萊茵河兩路突擊德國的戰略。原計畫中蒙哥馬利的「盜竊」作戰行動是主攻，第十二集團軍群的計畫是輔助行動。為了使英國人放心，艾森豪在作戰計畫上貼上了「支援」蒙哥馬利「盜竊」作戰計畫的標籤，並明確指示，第一集團軍仍然必須準備給蒙哥馬利預留不少於十個師的兵力。

但是，所有這一切都是做給英國人看的。艾森豪在授權第一集團軍向「法蘭克福挺進」，並且在那裡與巴頓會師時，他心裡明白這次作戰行動將變成主攻，而抽調這十個師給蒙哥馬利的可能性將變得越來越小了。

在這裡，艾森豪冒著使自己的名聲受損的危險，幾乎把原定的作戰計畫給顛倒了。然而他這種做法無可厚非，因為蒙哥馬利自己不爭氣。事實證明，如果艾森豪不是「私自背叛」蒙哥馬利，盟軍的作戰行動至少還要延遲一個月，並且還要付出上萬人的傷亡代價。

也許有人會說這種做法不公平，但重要的是如果你不做，對手也許就會做，因此對於你來說，這種做法如果實在不被贊成，你可以不做。重要的是你應該防備別人的這種手段，遇事不能太老實，要適時轉換做人的態度，以艾森豪為榜樣，做一個像他那樣的成功者。雖然人們之間要坦誠相待，但在有些時候，善意的謊言也是一種必要的策略。只要你是出於善良和友好，同樣可以得到人們的諒解。有些人會宣稱自己從來不說假話，但這句話本身就是一句假話，沒有人在形勢需要撒一點謊時還要堅持告訴真相的，除非他是傻瓜。所以，從這個意義上說，世界上沒有不說假話的人。

美國曾經針對一項新法案徵求意見，有關人員問羅斯福：「你贊成那條新法案嗎？」羅斯福說：「我的朋友中，有的贊成，有的反對。」有關人員追問道：「我問的是你自己。」羅斯福說：「我贊成我的朋友們。」

當你按照以上所說的法則說假話時，你就會發現，即使這樣，你也會得到人們的諒解，並且在許多情況下會收到意想不到的效果。

第五章

隨機應變，才是最好的計畫

戰場上，形勢總是瞬息萬變的。兩軍對壘，情況複雜多變，倘若不能夠隨機應變，只是機械呆板的執行既定計畫，最終結果極有可能是成為對方的俘虜。

不同的戰場，就要有不同的戰術

在一九五〇年的朝鮮戰爭中，美軍名將麥克阿瑟因為仁川登陸的巨大成功而名揚一時，無數的讚美和掌聲送給了他。本來，在這種有利的形勢下，他應該盡快調整好狀態，以便投入到下一步的作戰行動中。然而，麥克阿瑟好大喜功的弱點又一次主導了他的命運，他開始覺得飄飄然，將仁川登陸的戰術運用到元山登陸，結果遭到失敗。

麥克阿瑟固執己見，面對不同的戰場，仍然運用同一種戰術，不失敗才怪？他最終因為不願對自身做出改變以致受到了懲罰，不得不接受慘敗的命運，在其軍人生涯的晚期留下了無法抹去的污點，而不是他所期望的達到一個新的高峰。

世界在有不同追求的人眼裡有不同的色彩，生活在有不同心態的人眼裡具有不同的滋味。要改變原有的色彩，原有滋味，首先須從改變自己做起。

只有勇於改變自己才能使事業達到一個新的高度，特別是對於一個已有相當成績的人來說，更是如此。然而在我們身邊有多少人不願放棄自己的固執，直到垂垂老矣，也不知道何去何從，留下的是永久的傷痛。所以，與其這樣消極的面對每一天，不如做出改變，換一個方式，特別是對於身處職場的人來說，更是需要如此。

職場中，總有一些不如意的日子，也許是老闆的原因，也許是你的問題，但老闆終歸是老闆，你不可能去改變他，剩下的只有一條路，那就是：改變你自己。你從消極的泥潭中跳出來以後，試著採用一種全新的方式去待人處事，你就會發現自己變得心情舒暢，自己的所作所為都有所改觀。換了一種方式之後，你會感到如同脫胎換骨一樣，格外輕鬆愉快，連呼吸的空氣都無比新鮮，一片新天地就展現在你的面前，你的職場也將從此生機蓬勃。

不過，要注意的一點是，在改變自己的同時，也要注意不要一下子改變得太多，不要讓老闆發現你改變得連他也不認識了，他對你的態度也會改變，尤其是你正處於老闆對你的觀察期的時候，更是要步步小心，才不至於因為自己的原因而耽誤自己的前程。

最容易騙人的，總是事先定好的計畫

一九四二年十二月十日早晨，陽光明媚。然而就在此時，日本人開始了他們對菲律賓作戰的第二階段行動。日本的兩支突擊艦隊直奔呂宋島北面的各個登陸點。寬闊的海面上，六艘運兵船的士兵，在一艘輕巡洋艦、六艘驅逐艦和三艘掃雷艦的炮火支援下開始登陸。在偵察到這個情報之後，美軍的西南太平洋戰區司令麥克阿瑟命令他手下僅存的轟炸機，向登陸的日本人實施突擊。

在戰爭的第一個星期，日本總共向菲律賓發動了十四次空襲，也有一些分散的登陸行動，並且試圖在菲律賓的仁牙因灣地區登陸，然而均被菲律賓軍隊的一個師擊退了。

但是所有這一切，麥克阿瑟都認為只是日本人初步的試探性的行動，敵人還沒有完全顯示出它自身足夠的力量，不過是為了保護主要攻擊方向的側應，只是局部的行動。

十二月二十一日傍晚，正在南中國海深海處執行巡邏任務的美國海軍亞洲艦隊的潛艇「鯁魚」號，此刻正潛行在離仁牙因灣僅五十海里的海中。隨著艦長的一聲命令，潛艇上浮到潛望鏡探視，映入艦長眼簾的景象，著實讓他大吃一驚：一艘艘黑煙飄蕩在海面上，大約由七十多艘運兵船組成的龐大的日本海軍編隊，排著整齊的隊形，浩浩蕩蕩的向著菲律賓沿海駛去。「鯁魚」號緊急向太平洋艦隊和遠東軍司令部傳回了上述情報。

不知麥克阿瑟是出於對海軍的宿怨，還是出於別的原因，當他接到這個情報後，沒有立即下令讓正準備撤往澳洲的「B-17」轟炸機編隊，對日軍在仁牙因海灣的大型編隊採取攻擊行動，而是繼續按照原計畫進行他的撤退工作，進而錯過了一次最好的殲滅敵人的機會。

日本陸軍第十四軍在他們的統帥、業餘劇作家出身的司令官本間雅晴將軍的率領下，由台灣和澎湖群島的港口登船後，在大批巡洋艦、主力艦的護航下，經過顛簸的航程，終於登上位於菲律賓西北部仁牙因海灣緩緩傾斜的海灘。與他們對陣的是由美軍的溫賴特少將指揮的北呂宋部隊，這支主要由菲律賓民兵、正規騎兵和童子軍混編而成的部隊，訓練不良，裝備更差。

戰鬥持續到第二天，日軍的坦克、士兵和裝備像潮水一樣被接駁船送上岸。到了中午，登陸的日軍除了偶爾遭到一陣射擊之外，幾乎沒有遇到什麼像樣的抵抗。日軍就像平時演習似的，非常輕鬆的向仁牙因灣灘頭陣地的縱深快速推進。

來自仁牙因前線失利的消息，一個接一個的傳到麥克阿瑟的指揮部裡。麥克阿瑟逐漸認識到，菲律賓的失敗已經不可避免了。

麥克阿瑟死板的按照原計畫去忠實執行，而喪失了一個大好的殲敵機會。正是由於麥克阿瑟的應變不力，他只能吞下在早期菲律賓戰役中失利的苦果。

聰明的人做事，既不一味學習他人，也不會貪圖一時的便宜，而是因時變法，追求實效，跟上時代。與之相反，如果一個人死抱住以往的經驗和教條不放，固守自己的天地，長期獨立於社會之外，這樣的人只能落伍，直至被淘汰，哪裡還可以順應時代變化，追求到屬於自己的成功？一個人沒有必要畫地為牢，而應該順應時代，隨時對自己做出必要的調整。

在當代社會，一個人的高明應表現為對社會的最密切的關注和最敏銳的分析。他們不是憑過去經驗生活的人，也不是關起門來僅僅從書本中探求如何生活的人。他們熱心研究的是現實的社會，他們主要是從不斷發展、變化的社會中，去尋求適應的途徑，尋求和社會相適應的生活和活動方式。

真正思維敏捷的人，不是把過去的成功經驗當作靈丹妙藥，到處套用，他們不會忘記經驗的參考價值，但是不會拘泥於它。因為經驗往往有很大的局限性，它要受到個人智慧和實踐活動的廣度及深度的限制。而且，人們的行動總是針對未來，而經驗卻只屬於過去。

戰場生存守則

生命之樹常青，萬事萬物都在變，認識事物、改變事物的方法也在變。

今天適用的方法，明天不一定適用；此地適用的方法，彼地不一定適用。在任何成功的道路上都是沒有金科玉律可言的，全憑你的機智敏銳的探知變化，靈活的改變方法，才可以應付今日複雜多變的現實，才能為你的人生多增添一分成功的可能。

充分利用現有的資源

一九四四年六月六日六時三十分即諾曼第登陸計畫中原定的時間，實施諾曼第登陸作戰的美軍第四師的大兵們涉水九十公尺後準時登陸。本來以為上岸後會有一場惡戰，然而令指揮官奇怪的是，他們的眼前是一片寧靜的沙灘，既沒有遇到大浪，也沒有德軍的抵抗。但是他很快就發現，這裡根本不是原定的登陸點，而是向南偏移了一千八百公尺！

登陸部隊在海灘上前進了四百五十公尺發現，這個灘頭的後面是一片無邊無際的洪水，德軍一直認為盟軍根本不會在這兒發起進攻，因而部署在這個灘頭上的德軍戰鬥力較低，防禦工事既少又弱，而且埋設的地雷也很少。這個意外的發現，使指揮官改變了原來的決定，把這裡作為實際登陸點。接著，突擊工兵開始排除地雷和海灘上的障礙物，為蜂擁而來的後續部隊掃清道路。

本來以為處於防禦縱深離戰場很遠的德軍炮兵，看到泡沫飛濺的碎浪中冷不防冒出了坦克，而且還噴吐著火焰和高速炮彈，不由得嚇傻了。當他們明白過來並調轉炮口對準這個灘頭進行轟擊時，潮水般的美軍登陸步兵、炮兵、坦克和軍車已經開始不斷的湧上灘頭。這些部隊在兩棲坦克的配合下，沿著跨越洪水區的堤道迅速向前推進。而有些堤道的出口處，早就已為盟軍傘兵部隊所佔領。因此進展更為順利。

到了傍晚，美軍第四步兵師僅付出了一九七人的代價就已到達了法國的卡朗坦與聖梅爾・埃克利斯之間的主要公路一線，在這裡突破了希特勒的大西洋壁壘。

這位指揮官可以說是一個具有極強應變能力的人。正常情況下，他應該把這種情況報告給上級，然後等候指示，然而在找不到上級的前提下（登陸十分混亂，大部分部隊都找不到自己的上級，又不能每個人都去找總司令），他及時應變，把找不到預定地點的不利情況轉化為有利條件，利用德軍防禦較弱，把這裡當作真正的登陸點，進而獲得極大的成功。

「如果有一個檸檬，就做檸檬水。」這是一位聰明的教育家的做法，而傻子的做法正好相反。如果他發現生命給他的只是一個檸檬，他就會沮喪，自暴自棄的說：「我完了，我的命運真悲慘，連一點發展的機會也沒有，命中註定只有一個檸檬。」然後，他就開始詛咒這個世界，一輩子讓自己沉浸在自悲自憐當中，毫無作為。

但是，當聰明的人拿到一個檸檬的時候，他就會說：「從這件不幸的事情中，我可以學到什麼？我怎樣才能改變我的命運，把這個檸檬做成一杯檸檬水？」一位住在美國加州的快樂的農夫叫皮特，他甚至把一個毒「檸檬」做成檸檬水。當他買下那片農場的時候，他覺得非常沮喪，因為那塊地壞得使他既不能種水果，也不能養豬，能在那片地上生長的只有白楊樹和響尾蛇。後來，他想了一個好主意，他要把自己所有的東西都變成一種資產，他要充分利用那些響尾蛇。皮特的想法使每個人都很吃驚，因為他開始做響尾蛇罐頭。

現在，皮特的生意做得非常大，每年去他的響尾蛇農場參觀的遊客差不多就有兩萬人；從響尾蛇身上取出來的蛇毒，運送到各大藥廠去做抗蛇毒的血清；響尾蛇皮以很高的價錢賣出去，做女人的皮鞋和皮包。這個村子為了紀念他把有毒的「檸檬」做成甜美的「檸檬水」，現在已改名為加州響尾蛇村。

偉大的心理學家阿佛瑞德・安德爾花了一輩子的時間來研究人類所隱藏的未知能力之後，他說，人類最奇妙的特性之一，就是「把負的力量變成正的力量」。

有一次，世界著名的小提琴演奏家歐利・布林在法國巴黎舉行一場音樂會。演奏時，小提琴上的A弦突然斷了，歐利・布林就用其他三根弦演奏完那支曲子。「這就是生活，如果你的A弦斷了，就在其他三根弦上把曲子演奏完。」

如果我們能夠做到，請把這句話寫下來，掛在你的床頭上：生命中最重要的一件事，就是

戰場生存守則

不要把你的收入拿來算做資本，任何傻子都會這樣做，真正重要的事是要從你的損失裡獲利。這就需要有才智才行，這一點也是一個聰明人和一個傻子之間的區別。

「當命運交給我們一個檸檬的時候，我們就試著去把它做成一杯檸檬水」。換一個角度看世界，也許可以把不幸變為幸福。

人生需要不斷的進行自我調整，因為社會生活在不斷的發生變化，今天你可能在某個位置，明天也許就沒有了。如果想不開，就只能是人生悲劇。相反的，只要及時調整，就可能「柳暗花明又一村」。

你的態度、想法、觀念、心情就是你自己的世界地圖。你只要換一個想法，調整一下心態，就可以擁抱朝陽。

做最好的準備和最壞的打算

一九四九年八月，當蘇聯成功的完成核子彈試爆後，美國人坐不住了。五角大廈開始設想，如果有一天受到核彈的攻擊，美國該如何應對？針對這種情況，一九五一年，白宮設計了「末日計畫」。

「末日計畫」又稱「續政計畫」，「續政」是「延續政府」的意思。美國政府認為，一旦末日決戰到來，美國遭到核彈突襲，這個計畫可以幫助政府重整建制，為受困的民眾提供基本服務，同時能夠發起有效的軍事報復行動，反制攻擊者。

該計畫共設三個「末日小組」，一旦美國遭遇核彈襲擊，三個小組立即從華盛頓出發，逃往美國境內三個不同的地點。如果第一組被敵方發現，並遭到致命的核子攻擊，第二組將依序接管「總統權」，依此類推。每個「末日小組」都以顏色命名，譬如紅和藍等，每個小組都擁有一名經驗豐富的高級官員，此人將成為未來的「白宮幕僚長」，幫助「新總統」安定大局。

除了「白宮幕僚長」和「總統」外，每個「末日小組」中還包括國務院各個部門及中情局的代表，正所謂「麻雀雖小，五臟俱全」，一個「末日小組」就如同一個微型的聯邦政府。據報導，美國現任副總統錢尼和國防部長倫斯斐都曾先後在福特政府時期擔任過白宮的幕僚長。他們還被雷根看中，成為其中兩個「末日小組」的組長。在錢尼和倫斯斐的組織下，近百名白宮官員經常在三更半夜乘坐專機離開華盛頓，到某個無人知曉的秘密地點進行「末日計畫」的模擬演習。

「末日計畫」的訓練中心還包括一架特殊飛機——「國家緊急空中指揮所」，這是一架由「波音747」改裝的飛機，一直停靠在安德魯空軍基地上，它裡面的會議室裝備著最先進的通訊系統，一旦華盛頓遭遇核子攻擊，總統、副總統身亡，「新總統」將可以乘坐這架飛機長時間在空中指揮。據報導，在一次模擬演練中，其中一個「末日小組」的官員乘坐這架飛機在空中整整三天，飛機沿著美國海岸線和美國本土來來回回的飛行，並且在空中加油。

蘇聯解體以後，美國遭到的核彈威脅降低了。美國前總統柯林頓上任以後，認為這個想法很荒謬，他認為世界上再也沒有任何敵人可以有能力「斬首」美國的總統，「末日計畫」只是冷戰時代的遺物而已。因此，在柯林頓任內，「末日計畫」遭到了廢棄。

然而，在美國經歷「九一一」恐怖攻擊後，「末日計畫」又再次被端上了檯面。事實上，二〇〇一年九月十一日，當華盛頓五角大廈遭到飛機撞擊時，美國副總統錢尼和國防部長倫斯斐就立即將以前從「末日計畫」中學到的東西現學現用。錢尼藏進了白宮底下的掩體中，並請求正乘坐空軍一號從佛羅里達趕回華盛頓的美國總統布希立即掉轉機頭，暫緩回來；而在五角大廈，倫斯斐則命令副國防部長沃佛威茲立即到城外一個能抵抗核彈攻擊的地下掩體中躲藏。接著，錢尼又命令幾名內閣部長、眾院議長和其他國會領袖立即疏散到遠離華盛頓的一個地下安全掩體中。

根據二〇〇三年六月在美國國會通過的《總統接任法案》修正案，在總統遭到不測時，順延接替總統職位的高級官員依次為：副總統、眾議院議長、參議院的臨時議長、國務卿、財政部長、國防部長、總檢察長、內政部長、農業部長、商務部長、勞工部長、衛生和人類服務部長、住宅和城市發展部長、交通部長、能源部長、教育部長、退伍軍人事務部長和國土安全部長。此後，美國國會又在國土安全部之後加入了駐聯合國大使、駐英國大使、駐俄羅斯大使、駐中國大使和駐法國大使的順序。

從美國政府的「末日計畫」裡，你是否得到了一點啟示？連美國這麼強大的國家都要制定應急的「末日計畫」，更何況一個相對而言是弱者的個體？

孟子說：「生於憂患，死於安樂」，意思是說人們在比較困苦的環境中因為容易爆發奮鬥的力量，反而能更好的生存，而在相對安樂的環境中，因為沒有生存的壓力，就容易產生懈怠心理，反而會為自己帶來危難。這句話也可以這樣理解：人們如果隨時都有憂患意識，隨時都在準備應變，在完成事情過程中就不敢有絲毫的懈怠，便能達到成功的目的；如果安於享受，抱著今朝有酒今朝醉的態度去生活，就有可能真的會招來失敗。

對於成功與失敗二者之間的關係而言，成功過後也許就是失敗，而失敗過後也會迎來成功。所以，人們要對二者能有一個正確的態度和觀念，即使成功了，也不驕傲；相反的，就是失敗了，也不氣餒。

不知你現在所處的狀況如何，是憂患，還是安樂？憂患不足以讓人畏懼，倒是安樂才是人生的大敵！

戰場上遇到挫折要善於調整

在一九八三年十月份的干涉格林伍德的行動中，有一項重要的任務就是營救英國駐格林伍德總督。由於格軍的實力很弱，因此經過不是十分激烈的戰鬥，負責這次行動的美軍「海豹」突擊隊員就很快找到了斯庫恩總督。被軟禁多時的他一見到說著同種語言的美國士兵，竟激動得上前擁抱。然而就在這時，總督府外槍聲大作，幾輛格軍的裝甲車已經封鎖了總督府。美軍帶著總督撤走已不可能，唯一的辦法就是堅守待援。

雙方火力對峙著，由於害怕傷害總督，美軍只能用輕武器與格軍交戰。時間在一分一秒的過去，傷亡也在一點一點的增加。格軍死傷了幾十人，仍然沒能衝進總督府。「海豹」突擊隊畢竟勢單力薄，十一名隊員已有十人負傷，其中三人的生命危在旦夕。

從黎明到早晨，從早晨到中午，「海豹」突擊隊員的處境越來越危險，但隊員們仍頑強戰鬥，並頻頻向上級請求援助。

戰場生存守則

中午時分，營救總督行動受挫的消息傳到了此次行動的總指揮梅特卡夫中將耳裡。他深感事關重大，如果營救行動失敗，美軍入侵格林伍德便少了一個重要藉口，於是下令已攻下珍珠機場的海軍陸戰隊火速增援總督府。但海軍陸戰隊在奪取珍珠機場之後向位於聖喬治的總督府進攻時，遇到了格軍的抵抗，再加上格島東北山區地形複雜，植被茂密，美軍又不瞭解格軍的人數和設防情況，因而推進速度十分緩慢。梅特卡夫中將得知這些情況後，果斷的命令海軍陸戰隊馬斯中校帶大部留在原地牽制山裡的格軍，另外派兩個連，約兩百五十人返回「關島」號，繞過格島北端，在西北海岸大馬爾灣再次登陸。在飛機掩護、坦克引導下，海軍陸戰隊登陸部隊很快來到總督府。同時，乘艦載直升機的另一個連也繞到了總督府背後。格軍腹背受敵，遭到了反包圍。梅特卡夫中將一聲令下，美軍南北夾擊，向總督府發起了凌厲的攻勢。面對數倍於己的美軍，格軍不敢繼續戰鬥，開了幾槍就投降了。陸戰隊員們衝進總督府，迅速救出傷患，並呼叫直升機把被困了一天的「海豹」隊員們送到「關島」號上。隨後，陸戰隊員們又將斯庫恩總督及其家人送到「獨立」號航空母艦上。梅特卡夫中將熱情的接待總督及其家人，營救英國總督的行動成功了。

這次戰役可謂是美軍面對不利的形勢善於調整的一個典範戰例。做人要善於調整自己以應對不同的情況，做事更要學會應變，通常人們把這種常用的策略叫作「見機行事」。

這種處世方法雖然一定程度上給人一種投機鑽營的感覺，但是它作為一種方法，對於人們做人處事還是有一定的正面的意義。

成事者在於一個「變」字，而變通過程中又在於一個「智」字，只有將兩者結合，才可以化不利為有利，為最終的贏局畫下圓滿的句號。

兩個不同的「珍珠港」

一九四一年十二月七日，日本出動聯合艦隊偷襲美國太平洋艦隊的主要基地——珍珠港，結果僅用了九十五分鐘，就擊毀、擊傷美軍停泊在港內的全部八艘主力艦和十餘艘主要作戰艦，傷亡三千六百餘人。日本海軍傷亡不足百人。珍珠港一役使美國太平洋艦隊元氣大傷，喪失戰鬥力達半年之久，日軍則在太平洋戰場橫行一時。

然而僅僅事隔半年，即一九四二年六月四日，日本再次盡遣聯合艦隊精銳，攻擊美國太平洋艦隊的前進基地——中途島。戰爭結果令人詫異。兵力、兵器佔絕對優勢的日本海軍遭到重創，損失了大量的飛行員，航空母艦只剩下五艘，而美軍只付出了極小的代價。中途島一戰使日本海軍從此將太平洋戰場的主動權拱手讓給了美國。

兩場海戰，相同的對手，時間相隔只有半年，日本在人員和裝備上都佔有絕對優勢，戰爭結局卻為何勝負易位？數十年來，各國軍事評論家議論紛紛：有人認為美軍中途島取勝是「情報的勝利」，原因是美軍破譯了日本海軍的密碼電報；有人認為日軍臨場指揮失當，不該分散兵力；還有人認為日軍狂妄自大，缺乏面臨意外情況的應變措施……這些分析都不無道理，但造成不同結局的根本原因是什麼？揭開海戰史的面紗，就不難發現兩場海戰勝負易位的面目。

早在十九世紀，美國海軍理論家馬漢就提出「依靠主力艦實施艦隊決戰」、進而奪取制海權的思想。在這個思想影響下，從十九世紀末到二十世紀三〇年代，美國一直視巨艦大炮為爭奪制海權的主要武器，大力製造主力艦。然而進入二十世紀以後，隨著無線電通信、潛艇、航空母艦和航空兵等的迅猛發展，催生了海戰領域的重大變革。事實上，太平洋戰爭爆發前美國海軍引以為豪的大型主力艦就在短短兩個小時內大部分葬身於珍珠港之中，而其「送葬者」就是日本航空母艦和艦載航空兵！

珍珠港的當頭一棒打醒了美國海軍，其決策者在挨打中看到海戰領域的新變化。他們意識到馬漢的「巨艦大炮艦隊決戰」思想在新時代具有很大的局限性。這是因為，無論是從火力、機動力還是突擊力來說，主力艦上的大口徑火炮都無法與航空母艦上的艦載航空兵相抗衡。航空母艦和艦載機正在取代主力艦，成為爭奪制海權的主要力量，這是不爭的事實。為此，美國高層提出，將航空母艦和艦載航空兵作為海上決戰的主要兵力，透過對海戰場制空權的控制，進而奪取制海權，進而開創了一種全新的「決戰制海」戰略。

在這個戰略指導下，美國海軍甩掉了一批舊主力艦的「包袱」，修訂了原來的造艦計畫。他們把正在建造的主力艦全部改裝成航空母艦，把生產汽車的工廠改為生產飛機。再加上太平洋艦隊雖在珍珠港損失大部分主力艦和數百架飛機，但是以「企業」號為首的航空母艦群不在港內，所以三艘航空母艦及其艦載航空兵未受到損失。這樣，僅用半年時間，美國一支適應新型海戰需要的艦隊就迅速壯大起來。中途島海戰，美軍正是以艦載航空兵為主戰兵力，依靠兩支以航空母艦為核心組成的特混艦隊，採用全新的海戰方式迎戰日軍，表現出新的戰鬥力。

反觀日本海軍，雖然它在世界上最早認識到航空母艦的作用，也是世界上最早建立航空母艦集團的軍隊，但是這不能掩蓋其軍事思想的落後。日本海軍確實在珍珠港製造了海戰史上的奇蹟，但是這個勝利僅限於戰術層面。從戰略上說，珍珠港事件對日本海軍不啻於一次失敗。當日軍偷襲珍珠港成功後，日本海軍的高級將領，如山本、南雲等人被一片喝采沖昏了頭腦。聯合艦隊用航空兵在珍珠港創造的奇蹟並未能讓他們看清艦載航空兵的巨大威力。他們更不可能在勝利的喜悅中看到海上作戰的新變化。故步自封的日本海軍又重新回到以主力艦為中心的陳舊海戰決戰方式上。由此看來，接下來的中途島海戰出現勝負易位是必然的。

一個國家如此，一個人更應該對此提起足夠的警視。有許多頗有才華的人，只是因為觀念的陳舊，又不肯去改變，終於在這個時代落伍，並且在平庸中淹沒了自己。

有些人只會一成不變的採用那些被人拋棄的舊方法，他們終有一天會承認，思想陳腐、觀念保守、不思求變的自己，幾乎一動也不動了。他們當然也會看到，那些隨時保持進取的姿態、具有敢於獨創的勇氣，追求變化，永遠跑在時代最前面的人，一個個都走向了成功。

一個最善於利用自己精力的人，一定會迅速的抓住潮流、趕上時代。老是留戀過去的歲月有什麼用？留戀過去對你現在的生活沒有一點幫助。你要把握的是當今的世界和未來的世界，你要考慮的是如何把時代向前推進。

美國富豪保羅．蓋蒂說：「墨守成規乃致富的絆腳石。真正成功的商人，本質上流著叛逆的血。」黑格爾說：「存在就是合理。」對於商業來說，黑格爾這句話不管用，經商者就是敢於打破現有的合理，推陳出新，創造一種別開生面的局面。中國有一句古話：「伸縮進退變化，聖人王道也。」所以，大凡經商有成的人，都能審時度勢，不墨守成規，而是敢於當傳統和習慣的叛逆者。

一個野心勃勃的人最要緊的就是趕上時代，不要讓別人說你是一個「落伍者」。無論是誰，只要求變善變，趕得上潮流，就會在不知不覺中得到巨大的進步。反之，最終只會落得無路可走的悲慘境地。

第六章

看清形勢再下手

戰場上形勢往往撲朔迷離，如果單打獨鬥，很容易便送了自己的小命。所以，如果一時沒有把握，那就先躲在一旁看清楚，然後抓住要害，一擊而制勝。這是《美軍守則》教給普通士兵用以保命的重要一招。

戰爭不一定非要流血才能打贏

第二次世界大戰期間，盟軍在北非的登陸作戰，歷時四天，以損失二二二五人的代價奪取了北非登陸場，為爾後進軍突尼斯，殲滅非洲大陸的德軍和義軍，並進而向歐洲大陸反攻創造了有利條件。這個行動也是盟軍開闢反法西斯第二戰場的重要步驟，有力的痛擊了德軍的戰略缺陷，在一定程度上減輕了德軍對蘇軍的壓力。

北非登陸是二戰期間盟軍組織實施的第一次大規模登陸作戰。儘管盟軍在兵力數量及武器裝備上佔有明顯優勢，但由於登陸美軍大部分人員是剛從本土參戰的新兵，而且部分指揮員缺乏指揮大型登陸作戰的經驗，因而出現了許多失誤和不足。但此次戰役，盟軍的政治攻勢發揮了重要作用，這也是該戰役成功的關鍵所在。事實上，正是有效的瓦解了法軍的抵抗意志，才使盟軍未付出較大代價便迅速贏得了戰役的勝利。相反的，如果法軍從戰役開始就進行頑強的抵抗，即使盟軍最終能夠獲得勝利，也要付出巨大的代價。尤其是德軍利用法軍贏得的寶貴時間，便可大舉增援，戰役結局更難以預料。這個戰役告訴人們：攻心為上，攻城為下，不戰而屈人之兵，是戰爭指導的最高境界。

盡量以小的付出爭取大的勝利，先靜觀敵方內部彼此爭鬥，自己「隔岸觀火」坐收漁人之利，這也是一些高明的人所經常使用的手段。

彼得、傑克和布朗同在一個公司任職，並且在同一部門，於是爭鬥就免不了。其中彼得和傑克更是一對死對頭。布朗則不同，表面上看來他與其他兩個人的關係都不錯，彼得和傑克都願意和他一起工作，並且都願意和他私下裡聊天，發發牢騷。

耶誕節過後，部門要進行大的人事調整，他們三個人所在的部門經理由於在上一年的「政績」不佳，因此成為被調整的對象，但由誰來接任，公司卻沒有決定。彼得和傑克就開始了另一波爭鬥，互相在上級那裡打對方的小報告是最簡單的手段。有時甚至當著上級的面就爭吵起來，誰也不給對方面子。當他們兩個詢問布朗是不是有意去競爭這個位置時，布朗只是淡淡一笑：「先把自己的工作做好，至於當不當經理是上級決定的事。」兩個人都覺得布朗無意和自己競爭，於是都拼命的巴結布朗，以換來布朗在上級面前說自己的好話。

過了一個月，經理任命宣布以後，彼得和傑克都傻眼了，布朗成為兩人的主管。

布朗的做法不可謂不高明，他不加入兩個人的爭鬥之中，只是遠遠的站在一旁，靜觀其變。同時也不刻意表現出對經理位置的渴望，只是努力先把自己的工作做好。上級的眼睛都是雪亮的，每個人的表現都看在眼裡，做得好自然有好報，布朗接任經理可謂是水到渠成。

從這個例子中我們可以得出結論：對於公司中的爭鬥，千萬不要「以身飼虎」，主動的投身其中。先不說你能否從中得利，至少這樣做會分散你對工作的專注程度，進而影響你的成績。公司內部的爭權奪利是永遠的主題，然而如何名正言順的爭得權、奪得利卻是一門高深的學問。面對兩個小幫派的爭相拉攏，明智的做法是永遠置身事外，不給兩方任何機會來算計你，你就可以坐收漁翁之利，成為最大的贏家。

先破的雞蛋，總是皮比較軟的那個

「好的開始，等於成功的一半。」尋找正確的方向，以便為順利達成自己的目的奠定基礎是非常重要的。

第二次世界大戰中，盟軍登陸義大利西西里島的戰役是盟軍的一次大型登陸戰，其意義重大，不容有半點閃失。於是，盟軍制定了嚴密的計畫來保證戰役的順利實施。

在西西里島周圍散布著大小不等的島嶼，班泰雷利亞島就是其一。為了掃清登陸作戰的障礙，盟軍於一九四三年六月實施了對班泰雷利亞島的進攻，作戰代號——「瓶塞鑽」。

對於這樣一個防禦薄弱的小島，盟軍本可置之不理，直接在西西里島登陸。然而該島對德、義軍而言是屏護西西里島的屏障，對盟軍而言可以作為攻擊西西里島的跳板，因此盟軍決定在西西里島登陸之前，先奪取類似的一些小島，順便也鼓舞一下士氣。

盟軍在連續數日的大規模空襲以後，同時還以大量軍艦的艦炮進行了襲擊，島上守軍的意志已經瀕臨崩潰的邊緣。

六月七日，島上守軍的指揮官帕韋西少將經過請示以後，決定投降。然而，由於盟軍海空火力襲擊非常猛烈，四下彌漫的硝煙遮掩了那面用來象徵投降的白旗，盟軍沒有能及時發覺。

在五艘巡洋艦、八艘驅逐艦和八艘魚雷艇的掩護下，盟軍一個師向班泰雷利亞島攻擊，由於全島都被濃烈的硝煙所籠罩，登陸部隊還是沒有發現白旗，按照預定計畫佔領了全島，俘擄了全部守軍，而盟軍卻無一傷亡。這是戰爭史上，以海空兵力實施猛烈襲擊，進而迫使守軍投降的一個成功戰例。

這個戰役成功的意義不僅僅在於佔領了西西里島的周邊，進而為正式的登陸作戰提供一個很好的跳板，更重要的是，透過這個小型戰役的勝利，使得缺乏登陸經驗的盟軍累積一定的經驗，並且鼓舞盟軍的士氣，為未來的大型登陸戰的勝利奠定很好的基礎。

在都市中與人接觸，總免不了會有競爭，這時，選擇什麼樣的人作為對手就要看一個人的智謀如何。聰明的人總是會先選擇相對較弱的對手先行「消滅」，特別是在對方人多勢眾和自己的力量不足以對抗的情況下，如果硬是要去碰個頭破血流，那是蠢人的作為。

「先破的雞蛋，總是皮比較軟的那個」，這是一句美式諺語，類似我們常說的一句俗語：「柿子先挑軟的吃」，是你在人生中能夠屢戰屢勝的保命法則，也是高明的人的首選。

戰場生存守則

運用這個策略，要注意以下兩點：

首先，要看清楚對方的實力。這個策略要求你選擇的對手是最弱的一個，以避開可能遭受的損失，以最小的代價換取最大的勝利。倘若一開始你就選錯了對手，錯把一個強者看成是軟弱可欺之人，你的下場就是輸得很慘。

認準對手是相對較弱的一個，接下來就要充分運用你的優勢，發揮你的強項，對對手窮追猛打，不可心慈手軟，以免給予對手喘息的機會，最終反誤了自己性命。

不要去想你這一招是否符合「人性本善」這個教條，其實許多人都是敗在這個死板的教條之下，那麼多失敗的例子應成為你的前車之鑑。

此外，如果命運不幸和你開了一個玩笑，送給你一位相對強大的對手，也不要氣餒，因為戰局還沒有開始，誰贏誰輸還不一定。這時你就要先行防守，去發現對手的弱點。這是這個策略的另類應用方法，目的還是為了戰勝對手，保住自己的小命。

總之，對付不同的對手要有不同的策略，這樣方可保證百戰百勝，順利過關。

看清楚了再下手

在第二次世界大戰中的諾曼第登陸戰進行到關鍵時刻的時候，艾森豪卻在為蒙哥馬利的固執、任性感到頭疼。不過，德軍「B」集團軍群總司令隆美爾的日子似乎更不好過。

不是隆美爾對每天從一個陣地跑到另一個陣地感到厭煩，主要是他已經對戰爭失去信心。儘管在希特勒「寸土必爭」的命令下，隆美爾在苦苦支撐，但他心裡很明白，「B」集團軍群不可能長期守住諾曼第海岸，失敗是不可避免的。

七月三日，隆美爾針對瑟堡半島和瑟堡要塞等地向希特勒提交了一份報告。在報告中，隆美爾詳細陳述無法堅守的原因：德軍駐紮在諾曼第的部隊實力太弱，很多部隊的士兵都是超齡服役的，第七〇九師的士兵平均年齡已經三十六歲；德軍裝備極其落後，不能滿足戰爭的需要，彈藥量太少，要塞的防禦工事也未能按期完成，補給情況也很差，德軍的指揮系統混亂，集團軍群總部對於西線裝甲兵團、多管火箭炮旅和高炮部隊，都沒有指揮權，無法統一調動和部署部隊。

七月十五日，隆美爾再次以「B」集團軍群司令的名義致電希特勒，痛苦的述說：

「諾曼第前線的情況越來越糟了。戰況非常慘烈、敵人的進攻非常凶猛，再加上他們擁有制空權，我軍傷亡很大，每個師的戰鬥力量都在迅速減少。國內補給的兵員數量本來就很少，由於運輸困難，到達第一線的就更少，現在我軍傷亡人數已達九萬七千人（其中軍官兩千三百六十人），平均每天傷亡兩千五百到三千人，而到目前為止，補充總數只有一萬人，真正到達前線的只有六千人。

前線的物資損失也很大、補充不足，以坦克為例，我軍共損失了二二五輛，可補充的只有十七輛。新到的步兵師都是新兵，他們的火炮、反坦克炮和反坦克武器都很少，很難抵擋敵人強大的炮火攻勢。事實上像這樣的物資消耗戰，再勇敢的人也無法打贏。

由於我們的鐵路運輸系統被破壞了，而大後方的交通也受敵人空軍的威脅，所以我們的補給越來越困難。現在只有極小部分的補給品可以送上前線：所以所有的戰場上，都必須厲行節約，尤其是炮彈更要節約。此外，由於敵人攻勢的增強和空軍控制範圍的加大，這種補給困難的情況會越來越嚴重。諾曼第前線的兵力極需補給，現在只有抽調海峽方面第十五集團軍的兵力或抽調在法國南部地中海防線的兵力。可是說實在話，即使調來部隊，諾曼第前線的局面也很難有起色。敵人方面，每天都有大量的精銳部隊和作戰物資從海上或空中運進登陸場，所以敵人對我方的壓力正日益增強。

鑑於上述情況，可以預料不久的將來，敵人就會成功的突破我軍薄弱的防線，特別是第七集團軍的防區，向法國廣闊的內陸地區推進，而我們除了正在卡昂西線裝甲群地帶打得不可開交的那部分預備隊外，我們再沒有機動預備隊可以阻止敵人在第七集團軍地區的突破。

我軍在各處都作戰頑強，但是這場寡不敵眾的戰役將接近尾聲。在我看來，最後採取政治措施已勢在必行。作為集團軍群的司令官，我覺得有責任講清楚這一點。」

但是，希特勒已經瘋了，對隆美爾的話，他充耳不聞，接連做出一個又一個的錯誤決定，最終把德國一步步的推向失敗的深淵。

在此次作戰中，唯一看清形勢的德軍將領隆美爾卻沒有實權，處處受制；而看不清形勢的人卻偏偏大權在握，德國怎能不敗？

這就是不知「勢」，不明「形」的應得下場。

做人做事要「明智」。「明」就是要把問題看清楚，弄明白。「智」就是採取聰明的對策。須知任何事情，都要有一種既明且智的頭腦，看清楚了再採取對策。這裡講的是一種看問

戰場生存守則

題應持有的正確眼光，既要看到過去，又要看到現在和將來。只有看得清楚，才能做得正確。否則，只是糊里糊塗的做，糊里糊塗的失敗，連掏錢付學費的想法都無法實現，如果是那樣，豈不是太冤枉了？

隨時保持清醒的頭腦

在諾曼第登陸成功之後，接下來的軍事行動中，盟軍統帥部內出現了分歧。因為有一段時間，在某些方面受了華盛頓戰略情報局報告的影響，也在一定程度上受了「超級」破譯隊支離破碎的秘密情報和其他模稜兩可情報的影響，盟軍最高統帥部內的一些人堅持認為，由於戰爭的尾聲越來越近了，希特勒和他的納粹政府及其黨衛隊，將退守奧地利境內的阿爾卑斯山脈，建立「堡壘」，進行最後的殊死戰。希特勒將向貝希特斯加登撤退，在那裡建立樂園似的指揮所。隨著時間的推移，這些謠言在相信者的心目中已經根深蒂固，竟都信以為真。與此相反的其他任何證據都不受重視，即使是最高統帥部對此十分懷疑，並且拿出相反的情報，仍然不受重視。

第十二集團軍群司令布萊德雷認為並堅信，盟軍必將在德國南部的深山裡，與德國決一死戰，摧毀決心繼續負隅頑抗的黨衛隊。如果盟軍不阻止希特勒向這個「堡壘」撤退，可以預料有一場惡仗，盟軍勢必付出巨大的代價，才能徹底摧毀這個頑固「堡壘」，殲滅這些納粹狂徒，戰爭可能要拖延幾個月。假如這樣，就會延遲把美軍從歐洲調往太平洋去最後打敗日本的時間，進而也就延長了太平洋戰爭的時間。可以想像，希特勒和納粹政府可能想永遠逃脫盟軍的殲滅，企圖把歐洲戰爭引入沒有投降者的朦朧結局，保住納粹份子的要員，伺機東山再起。

然而幸運的是，盟軍總司令艾森豪卻始終保持著清醒的頭腦，對這個所謂的「堡壘」計畫早就持否定態度。他力排眾議，堅持把盟軍引向正確的方向。正是他的清醒，使得盟軍自始至終都沒有偏離方向。最後證明，這個「堡壘」計畫是德軍的一個騙局。

這個事例也許可以解釋為什麼艾森豪是盟軍總司令。

在任何環境下，任何情形之下，保持一個清醒的頭腦；在別人失掉鎮靜時保持鎮靜；在旁人都在做愚蠢可笑的事時，仍然保持正確的判斷。能夠這樣做的人，總是具有相當的鎮定力，是一種冷靜而能自制的人。

在職場中，經常有這樣一種人，他在各方面的能力或許不及其他員工，但反而會突然升上重要的位置。因為老闆的眼光，不在意某個員工的「才華」，卻注重他們清醒的頭腦、健全的理智、正確的判斷力。他最需要的是那種頭腦清晰、實事求是，不但能空想，而且能真正做事的人，所以他往往忽略那些知名大學畢業生、學者與天才。他知道，他的業務之穩定、機構之柱石，就繫於那些有正確的判斷力的員工。

頭腦清晰、冷靜的人的特徵，就是不因環境情形之變更而有所改變。金錢的損失、事業的失敗、憂苦與艱難，都不足以破壞他的精神的平衡，因為他是有主見的。他也不會因小有成功、小有順利而傲慢自滿。

精神的平衡，往往代表著「力量」，因為精神的平衡是精神和諧的結果。片面發展的頭腦，不管其在某一特殊方面是怎樣的發達，永遠不會是平衡的頭腦。一棵樹木，假若將其全部的汁液，僅僅輸送給一條巨枝，而使其他部分枯萎至死，它無法成為一棵繁茂的大樹。

理智健全、頭腦清楚的人是不多見的，經常是「供不應求」。我們經常看到，連許多有本領的人，在許多方面能力很強的人，也會做出種種不可理解的、愚不可及的事情。他們不健全的判斷、不清楚的頭腦，經常阻礙了他們的前程，像流過高低不平的區域中的江水，後波每為前浪打回，所以不得前進一樣。

頭腦不清晰、判斷不健全，這種不良聲譽，會使別人不敢信賴你，因此有害你的前程。

假如你要得到他人「頭腦清晰」的承認和稱許，你必須認真的努力去做一個頭腦清晰的人。大部分的人做事時，特別在做小事時，往往是敷衍了事。他們自己也知道，他們不曾竭盡全力，所做出來的結果，也不可能盡善盡美，然而他們還是在用這種做法。這種行為，往往減

戰場生存守則

損人們成為頭腦清晰的人的可能性。

毛病就在大多數人，總是做出二等、三等的判斷，而不想努力去做出頭等的判斷。這一切都是因為前者省力、容易得多。

大多數的人都是天性怠惰的，人們總喜歡逃避不愉快的、艱難的工作。人們不喜歡做那些妨礙自己的舒適、不合自己的情趣，卻足以煩惱自身的事情。

假如你可以強迫自己去做那些你應該做的事，而且竭盡你的全力去做，不聽從你怕事貪安的惰性，你的品格、你的判斷力，必會增進許多。你自然會被人承認，稱許為頭腦清晰、判斷正確的人。

打夜戰，就要用夜視鏡

一九四五年夏天，美軍登陸進攻沖繩島，隱藏在島上岩洞坑道裡的日軍利用複雜的地形，夜晚出來偷襲美軍。於是美軍將一批剛剛製造出來的紅外線夜視鏡緊急運往沖繩，把安有紅外線夜視鏡的槍炮架在岩洞附近，當日軍趁黑夜剛爬出洞口，立即被一陣準確的槍炮擊倒。洞內的日軍不明其因，繼續往外衝，又糊里糊塗的送了命。紅外線夜視鏡初上戰場，就為肅清沖繩島上頑抗的日軍發揮了重要作用。

一九九一年波斯灣戰爭中，在風沙和硝煙瀰漫的戰場上，由於美軍裝備了先進的紅外線夜視器材，能夠先於伊拉克軍的坦克而發現對方，並開炮射擊。而伊軍只是從美軍坦克開炮時的炮口火光才得知大敵在前。由此可以看出紅外線夜視器材在戰爭中的重要作用。

在現實生活中，例如在職場中，你也可以利用自己的「夜視鏡」巧妙的把自己掩藏起來，使對手摸不清你的底細，這才是高明的人的處世之道。

戰場生存守則

在職場中，你往往會碰到這樣的人，總是對別人保持咄咄逼人的態勢，無論你怎樣忍讓，怎樣閃避都無濟於事。作為主管，你總是無時無刻不在承受著來自各方面的威脅。這些絕大多數都是隱性的，都是你很難體察到的，而且多數來自於你的同僚。

許多同僚對你的態度很和順，有說有笑，你甚至把他們當作自己最親近的人，把自己的所有情況，包括歡樂和悲傷，喜好和憎惡，都毫無保留的告訴他們。但是，這些人往往不會對你報以真心，反而想透徹、明晰的瞭解你，而後洞悉你的弱點並且作為打垮你的利器，進而把作為他們的潛在威脅的你清除掉，這才是他們的目的。所有的一切都是一個圈套。直到你被他們打得落花流水，地位全無，一直沉浸在幻想之中的你才會如夢初醒。

無論是在政界，還是在商界，明裡拉幫結派，互幫互助，暗地裡卻互相拆台的現象此起彼落。如果你想成為一個成功的領導者，你就要有能力洞察別人是不是對你在明裡陪笑，暗裡動刀。要記住，這個世界不是充滿著溫馨感人的親情和友情，還有許多時間和場合裡充滿著虛偽和欺騙。不要將自己的底細輕易的告訴別人，那樣會被居心不良的人當成擊敗你的利器。

掩藏自己的有效辦法就是使用你的「夜視鏡」，去區分對你有威脅的人和真正對你好的人，只有這樣，你才能保證自己不再受到那些隱藏得很好的小人的蒙蔽。

使用「夜視鏡」的辦法有以下幾種：

一、對方在傾聽你的訴說的時候是報以真誠的同情和感慨呢，還是目光閃爍，有時會出現若有所思的樣子？如果是後者，對方很有可能是一個居心叵測的人。當然，這需要你去仔細觀察他的言行並注視他的眼睛。

二、仔細的回想一下，你有意無意的想結束自我傾訴的時候，他是不是很巧妙的利用一些隱蔽性極強的問題重新打開你的話匣子？而且你隨後說的內容又是容易被別人利用的東西。

三、如果你偶然得知有人總是在不經意之中，向你親近的人打聽一些有關你的消息，你最好疏遠他們。

四、有些笑容不是很自然，而像是從臉皮上擠出來的。有時你覺得並沒有絲毫可笑的地方，而對方卻能夠笑起來，這種人要適當的多加小心注意。

當然，瞭解哪些人將會對你產生不利之後，一方面你可以盡量避開他們，少做正面接觸；另一方面你也可以反將一軍，以其道治其人，掌握他們的一些情況，而後再設法對付他們。

將對手研究透徹再擊敗他

一九四二年六月三日，由日本「龍驤號」與「隼鷹號」兩艘航空母艦、兩艘重型巡洋艦、三艘驅逐艦和一艘補給油輪組成的特混艦隊，直奔設在阿拉斯加荷蘭港附近的阿留申島上的美國海軍基地。

由於日軍的零式戰鬥機對美軍的戰鬥機保持著絕對的優勢，美軍在戰爭開始階段吃了不小的虧，大量的美軍戰鬥機被擊毀，而被美軍擊落的日軍飛機中，竟然沒有一架零式戰鬥機，可見零式戰鬥機的先進。

在戰鬥進行過程中，地面的美軍觀察站突然發現一架零式戰鬥機冒出了黑煙——顯然是發生機械故障，並且在降落時，陷入了沼澤地，本來準備趕來進行營救的日軍飛機也無可奈何，而此時美軍的地面部隊已經往這邊趕來，日軍只好放棄。

由於是沼澤地，陸軍無法進入，再加上當時日軍的瘋狂進攻還有惡劣的天氣，所以美軍直到一個月後，才派出一個小分隊去現場把那架飛機打撈出來。美軍如獲至寶，因為在一九四二年，日本的軍事技術對於美國人來說依然十分神秘，加上美式飛機屢屢敗在零式戰鬥機的手下，所以美軍軍方迫切希望得到一架較為完整的零式戰鬥機，這次終於如願以償。

把飛機拖回國內的飛機廠進行大量的飛行實驗以後，美軍終於發現了它的弱點——向右滾翻時比較笨拙，並研究出相應的對策，在其後的空戰中得以應用。從此，零式戰鬥機不再是空中霸主，美軍空軍也開始揚眉吐氣。順便提一下，為了不讓日軍得知美軍已掌握了他們的弱點，美軍對這個情況嚴格保密。

這個例子中，美軍先是得到一架完整的先進戰鬥機，然後對其加以試驗，找出它的致命短處（窺短），同時對這個情況保密（示假），然後加以研究，找出對付它的辦法（後發制人），進而一舉扭轉在空戰中的不利局面，使日軍的優勢不再存在，這是一個極其成功的例子。

在職場生活中，這個法則尤為實用。作為個人來說，每個人都有特別的興趣，因而就有特別喜歡的東西，狼愛吃羊，而貓愛魚腥。有些人重名，有些人愛利，還有人喜歡美色和享樂。要對付你的對手，首先應該創造條件使其露出破綻，引蛇出洞，攻其七寸。其中在對方動手前忍著按兵不動這一點，是常人難以做到的。

美國前總統卡特競選總統時，一位愛找碴的女記者採訪卡特的母親：「你兒子說，如果他說過謊話，大家就可以不投票給他，您敢說卡特從未說過謊嗎？」卡特母親平靜的回答：「我兒子說過謊話。」

「說過什麼謊話？」女記者緊緊追問。

「善意的謊話。」

「什麼叫作善意的謊話？」

「你記不記得幾分鐘前，當你走進我家的客廳時，我對你說你非常漂亮，我見到你很高興？」女記者頓時語塞。

如果你遇到強敵，從正面攻擊其論點、根據、論證方法無法奏效時，不妨用一用「窺短示假法」，即冷靜的分析、發現敵人的短處，再示假誘惑他，使其暴露無遺，然後一擊致命。

最後，還要提醒諸位一點：在運用「窺短示假」的過程中，一定要小心謹慎，切莫暴露出自己的弱點，否則自身都難保，哪有什麼力量去攻擊別人！

操之過急，只會自斷退路

第二次世界大戰中，日軍偷襲珍珠港雖然獲得了成功。但是在今天，對珍珠港事件的評價卻不盡相同，一說是日本的巨大勝利，一說是襲擊珍珠港只是為美國處理掉一些過時艦隻並激起其鬥志。

從日本的角度看，珍珠港行動只是一個支援行動，目的是保證日本南進獲取南太平洋的石油不會受到美國的阻礙。而日本以二十九架飛機的代價換取了美國主力艦船十九艘、飛機兩百餘架，並使美國太平洋艦隊在一段時期內難以進入南太平洋，這無可爭議的是一個勝利，也完全實現了日本的戰略意圖。

但再看遠一點就可以看到日本在戰略問題上的短視——看錯了對手，以為美國像那些東南亞小國家那樣軟弱可欺，或是像俄國一樣打敗了就跑。如果日本認識到這一點，首先就不該開戰，開戰就不應該將襲擊珍珠港當作支援任務，也不應在珍珠港打得如此保守。像日軍執行

戰場生存守則

這個作戰任務的一個普通軍官淵田中佐所說的，只是剪掉了老鷹的尾羽。在美軍能夠做出反應前，指揮官南雲中將完全可以將艦隊攜帶的所有炸彈投入珍珠港，至少應該炸平港內的儲油和維修設備，並且可以其絕對的兵力優勢，在珍珠港附近搜捕美軍艦隊的航空母艦，這樣美國不可能在半年內投入反攻。此外，如果日本能在珍珠港集中與入侵中途島一樣規模的艦隊，空襲之後，用主力艦對珍珠港實施炮火攻擊，有可能在開戰之初就佔領珍珠港，這樣太平洋戰爭就不知道要打到什麼時候了。

日軍由於對大局的短視，造成自己表面上的勝利，實質上卻拉開失敗的序幕，可惜的是，日軍中卻缺乏能夠看到這麼遠的人。因此，日後的慘敗是早在與美國開戰前就已註定的。

在職場生活中，經常會有一些類似二戰中的日本的人，只要取得一些小勝利，便會沾沾自喜，驕傲自滿，被這些小小的利益蒙蔽了雙眼，看不到後面的巨大利益，往往最終落得失敗的結局。

珍妮是廣告公司的一個普通員工，在這個公司任職也有數年，但是始終沒得到升遷，珍妮很困惑。辭職吧，這裡的待遇與其他公司相比算是比較好的，不辭吧，前途卻是一片迷茫。

珍妮就向人力資源專家進行諮詢，人力資源專家建議對她進行一段時間的觀察，然後再給出結論，珍妮同意了。

偶然發生的一件小事讓專家發現了珍妮之所以不能晉升的主要原因。一次，經理讓珍妮去和一個客戶進行談判。這個客戶的要求很苛刻，僅僅是廣告的文案便是厚厚的一本書。珍妮很頭疼，於是言語上便不免有些敷衍。同時在價格問題上立場過於堅持，最終這個客戶只和她簽定了一個短期合約，而不是公司渴望的長期合約。

珍妮以為自己在價格上的堅持是自己對公司的貢獻，但是經理告訴她，公司對價格不是十分在意，重要的是要拉住這個客戶。因為珍妮不知道，這位客戶是一家實力十分雄厚的大企業，是公司極力拉攏的大客戶，之所以派珍妮，是因為公司其他的女員工都有任務，而這位客戶卻指定必須要女員工來接待，公司實在不得已，只得派珍妮去，結果可想而知。

經由這件事，再加上日常的一些行為，人力資源專家指出了珍妮的癥結所在：那就是在工作上太短視，看不到一些事情背後的利益，往往被表面的一些小利益所迷惑，例如和同事共同出差時，總是想佔一些小便宜；總是跟客戶在價格問題上糾纏不休，不肯主動退讓，進而給出了相應的建議。珍妮試著做了一段時間以後，發現自己在公司的待遇明顯上升，前途也不再那麼渺茫了，因為公司決定派她出去培訓。

珍妮是幸運的，因為在職場上她迷途知返，改變自己的一貫做法，進而改變自己的命運，

戰場生存守則

那些「堅持到底」的人就沒有這樣幸運了，他們的最終結果只能是黯然出局。

為了避免那些「堅持到底」的人的悲劇落在你的身上，你就要記住：操之過急是人生大忌。要學會掌控大局，不要總是在細枝末節上死死糾纏，同時在未獲得最終勝利的時候先不要歡呼雀躍，勝利的香檳只有在最後品嘗的時候才會醉人。

一第七章一

巧妙偽裝，等於撿一條命

《美軍守則》中，有一條是裝成無關緊要的人，因為敵人的彈藥可能不夠了（所以它只會打重要的人），這是一條非常實用的法則。尤其對於狙擊手來說，因為往往是單打獨鬥，執行任務中缺乏有力的支援，只有事前做足各種準備（包括足夠的偽裝），才可以提高自我存活率。

魔術師不會告訴你布幕後的事情

一九四二年十一月十六日，在瓜達爾卡納爾島戰役的後期，由於日軍武器彈藥嚴重不足，並且兵員消耗十分嚴重，因此日軍瓜島戰役的指揮官百武晴吉建議把瓜島上的剩餘部隊撤出來，以保存有限的實力。然而，一部分狂熱的好戰份子不答應，認為撤軍是在丟大日本皇軍的臉。於是這件事只有交到天皇那裡去做最後的決定。十二月三十一日，日本御前會議正式做出最後決斷：「在所羅門群島方面停止奪回瓜島的作戰，大約於一月下旬至二月上旬，撤退在瓜島的部隊。」無奈的日本陸軍參謀部也只好同意從瓜島撤軍。一九四三年二月一日，在完成對瓜島上的美軍牽制任務之後，日軍派出二十餘艘驅逐艦，在三百多架飛機的掩護下，經過三個夜晚的快速撤退，終於將一萬多名餓得半死的倖存者撤出了瓜島。日軍這次的撤退非常出色，整個撤退工作由狂妄叫囂對瓜島大舉反攻的今村均全權負責。為隱蔽撤離企圖，做好撤退工作，日軍將瓜島大撤退視為高級機密。島上的日軍仍要奮力的發起攻擊，好像很快就會奪取勝利一樣，一向工作出色的美國情報機構竟沒有獲取日軍決定撤離的任何情報。所以，瓜島上出現了這樣的景象：一方面是美軍全力向瓜島增兵，準備大舉發動地面進攻，另一方面，是日本人在看似做進攻準備的行動中開始有秩序的大撤退。二月二日早晨，美軍飛機發現了擔任第一批撤退任務的十九艘日軍驅逐艦，雖然進行了轟炸，但日艦並沒有受到損失，美軍也沒有發現日軍的企圖。二月四日的第二次撤退又遇到了美軍的轟炸，但是日艦仍然順利完成任務。二月七日，日軍派出十八艘驅逐艦冒著暴雨進行了第三次撤退，再次成功。對於日軍的每次撤退，美軍都以為是在增兵。

一九四三年二月九日十六時二十五分，瓜島沿岸煙塵滾滾，大約五萬名盟軍踏上被炮火一遍又一遍轟擊過的土地。美軍搜查了已經沒有日軍的瓜島之後，正式宣布取得瓜島戰役的最後勝利。事後對於日軍這次近乎完美的大撤退，尼米茲上將也認為，主要原因是日軍偽裝巧妙，行動果斷。進而成功的欺騙了每一名美軍士兵，包括高級將領們。《美軍守則》中有一條：盡量裝成無關緊要的人，因為敵人的彈藥可能不夠了（他們只打最重要的人），這是一條重要的保命法則。它告誡你，在生活中，要學會偽裝，因為巧妙的偽裝會使你比別人更易得到機會。

也許你對此不甚理解，沒關係。你觀賞過美國著名魔術師大衛・考伯菲的魔術嗎？這位著名魔術師能使一頭大象消失；將一個人裝入層層鎖鏈的鐵箱，然後沉入水底，再將鐵箱拉起來，箱裡的人早就在別的地方出現；只用簡單的幾張撲克牌和幾枚硬幣，就會變得你眼花撩亂。魔術規模的大小不重要，最重要的是能騙倒人們。大多數的魔術看起來都有種吸引人的魅力，因為人們無法瞭解他們是怎麼變出來的，這使他們充滿了神秘感。大衛•考伯菲不會告訴你變魔術的技巧，因為這樣會有損他神秘的形象。

每當有某個人知道如何做人們不懂的事情時，人們就會積極的跟隨他，他所具備的特殊氣質就會吸引人們的忠心和熱忱。

假若一個人能讓人們感覺到他能做常人所做不到的事，即使他死了很久，對人們依然有相當的魅力。

在一九八〇由於日本企業在全世界大賺錢，有人說日本的經理人員都研讀了宮本武藏兵法。宮本武藏是日本十七世紀的一位武士，據說他在三十歲以前，在決鬥中就殺過六十個人。他寫了一本武功秘笈，上面都是一些決鬥的秘訣。這本奇書後來被找到，而且翻譯成各種文字、並且配上插圖。不到一年的時間，這本書就成為企管類最暢銷的書，第一批就賣出十萬本，如今在書店裡偶爾還看得到。

倘若一個人在死了二百年以後，還能以神秘的姿態出現，活著的時候當然更可以。

戰場生存守則

建立神秘形象最基本的領導之道，就是不要解釋你所做的某件事，讓人們對你以這樣少的時間能完成許多的事驚服不已。他們會感到詫異嗎？隨他們去吧。不要向他們解釋你已經開了一個星期的夜車，你要做的只是微笑不語。假若有人驚奇為什麼你突然瘦了十公斤，不要告訴他們你是在做運動或節食，所要做的仍然是微笑不語。你能在三日以內擬出一項重要的行銷策略計畫？其實，你只是將五年前早就擬好的那份拿出來，按照目前的市場狀況改寫一下，但別人問起來時，你絕對不要解釋——仍然是微笑不語。

不過，只希望你不要將這種手段運用在其他事情上。你必須讓你的屬下對狀況完全瞭解，並且不斷提供他們新的資訊。要屬下做什麼，你必須解釋清楚。但有關你自己，你要像魔術師一樣，不要解釋你所做的事，你只要多用微笑，就可以建立神秘形象，收穫意想不到的效果。

想做成功者，先像成功者

一個人只要具有成功者的氣質，他就已經成功一半。有些人，無論他的職位如何，不管他的頭銜是什麼，不管他站在哪裡，總是能像磁鐵一樣吸引一群人圍繞在他周圍，總是不由得令人肅然起敬。為什麼會這樣？就是因為他們具有能夠鶴立雞群的特質——成功者的氣質。

二戰中的美軍名將麥克阿瑟在這一點上，就是非常出色的一個人，儘管有時候他會固執己見，但掩蓋不了他作為美軍一代名將的風采。

一九四三年九月五日，在菲律賓的萊城，一場大規模空降即將開始。參加戰鬥的主力是美軍第五〇三空降團。由於這支部隊幾乎全部是由新兵組成的，再加之是第一次參加實戰，保持戰鬥士氣非常重要。然而在麥克阿瑟對部隊進行的例行檢閱過程中，他發現在部分士兵中，存在著一種初次參戰的膽怯感。這是可以理解的，但這卻很可能直接影響到戰鬥的效果。作為指揮官，麥克阿瑟深知：如果他能跟他們一起去接受挑戰，將會使這些年輕的士兵們，更容易激起他們那「幾乎被忘記」的士氣。

於是，在從機場返回司令部的路途中，一個極富挑戰的念頭在麥克阿瑟的頭腦中產生了：「何不與飛行員一起到天上去，從空中指揮攻克萊城之戰。」當麥克阿瑟向助手們提出他的設想時，幾乎沒有一個人支持他，空軍司令肯尼將軍更是極力阻攔：「只拿五美元月薪的日本飛行員會把你射穿個窟窿的。」

但是麥克阿瑟決心已定，就很難再做改變。肯尼只好立刻著手為他的總司令進行安排。他決定，由他自己親自駕機為麥克阿瑟護航。

在總司令的親自伴隨下，第五〇三空降團的士兵受到了很大的鼓舞，他們的首次空降作戰取得圓滿的成功。

為表彰麥克阿瑟在這場空降作戰中所表現出來的驚人的勇敢精神，美國空軍部長向他授予了空軍勳章。這個榮譽，麥克阿瑟是陸軍獲得的第一人。

麥克阿瑟親自陪同空降兵飛上天空，這表示出他對贏得這次戰役的絕對信心，使得初次參戰的空降兵們很好的克服了困難，同時，他在天上時的樂觀情緒也很大的鼓舞了士兵們，使得這次作戰行動取得圓滿成功。

塑造成功者的形象，不一定非要靠漂亮的服裝和亮麗的外表，有時候親自參與亦是一種成功的展示，就像麥克阿瑟那樣。

有些人認為：「在我獲得事業成功之後，我就必然有了成功的形象！」很遺憾，生活中的事實並非如此，你必須在取得期望的成功之前，塑造成功者的形象，培養自己良好的氣質。

美國總統競選之前，都要請專家為自己精心設計形象，搭配衣著、領帶，設計髮型、整飾面容，為的是給選民留下精神煥發、可以信賴的強烈印象。

在設計自我形象方面可以聽聽人際專家的建議：

一、必須要有強烈的動機，必須對魅力有強烈的渴望。

二、必須循序漸進，從外表開始著手。

三、學會放鬆，自由抒發情緒，隨時與人做情感的分享與交流。

四、在人多的場合多聆聽、觀察別人，隨時注意別人談話時的聲音與表情，仔細的研究別人的一舉一動，可增加自己對他人情緒敏銳度的掌握。

五、強迫自己與陌生人交談，排隊買票、問路、到商場購物、候車等，都是不錯的時機。

六、即興演講。你可以在家裡對著鏡子練習，最好把過程錄下來，作為改進的參考。如果你能隨時面對各種話題不假思索的談話，將是你提升魅力的本錢之一。

七、嘗試角色，體驗生活。很多魅力人物，都是生活經驗豐富的人，生活幫助他們培養出開闊的眼界。

八、走向人群，實際投身於各種社交場合。正如歐吉瑞博士強調的：「唯一能讓你成為一流好手的最佳途徑，便是直接走進球場，面對著強勁的對手捉對廝殺。」

善於披上偽裝網

偽裝術在二戰初期的美軍中的地位很低，因為許多美國人認為這是一種旁門左道，而戰場上決定勝利的是真刀真槍的搏殺，與是否偽裝完全無關。

讓美軍認識到偽裝的重要性的是珍珠港事件。襲擊珍珠港是日本太平洋戰爭戰略計畫中的一個重要部分，日本認為，由於日、美兩國工業能力和戰爭實力懸殊，因此對美作戰只能速戰速決。其戰略企圖是以突然襲擊的方式摧毀美國太平洋艦隊的大型艦船和飛機，奪取戰爭初期的制海權和制空權。

為此，日本採取了一系列重大措施：

第一，玩弄「和談」騙局。一九四一年二月，日本政府委派海軍大將野村吉三郎為駐美大使，野村吉三郎利用他與羅斯福的朋友關係，與羅斯福總統和赫爾國務卿會談多達五十四次。日本還派出「民間」代表團赴美，進行所謂「私人交涉」，以麻痹美國政府。首相近衛文磨一九四一年七月親自致函羅斯福，信誓旦旦的稱「兩國間並無不可用談判方式解決的問題」，並且保證日本「不侵犯英、美在南洋的利益」。直至十二月八日，日本襲擊珍珠港時，日本談判代表還會見美國國務卿，照會美國政府，宣稱日本「不拒絕談判的機會」。

第二，巧妙實施戰略偽裝。為掩護在太平洋地區的戰略企圖，日本在日本內海主要港灣舉行了與襲擊珍珠港毫無關係的登陸演習，並邀請各國駐日武官參觀。此外，日本還大肆製造進攻蘇聯的假象。一九四一年七月，日本在中國東北地區舉行了代號為「關東軍特別演習」的大規模演習，同年秋季，又增兵東北，總人數從四十萬猛增至七十萬。在日軍突擊編隊向珍珠港隱蔽航進之時，日軍動員海軍學校的學員和見習生，穿水兵服招搖過市，掩護戰爭行動。

第三，嚴格實行保密措施。日本偷襲珍珠港的計畫僅限於指揮官山本五十六和少數高級軍官知道。突擊編隊的訓練地點選在日本南端的佐伯灣和鹿兒島，而集結地則選在北部千島群島的擇捉島單冠灣。突擊編隊由各自的訓練基地集結時，選擇了遠離商船航道的航線，分批前往，各艦船及艦載機一律加上鉛封，實施嚴格的無線電靜默。突擊編隊一俟進入集結地域，即切斷與島外的一切聯繫。向珍珠港航行的十二天中，內外無線電聯繫完全停止。

第四，進行周密的偵察和近似實戰的演練。為確切瞭解敵情，日軍利用各種手段搜集珍珠港的情報。日駐夏威夷領事館積極參與情報搜集工作，日軍派出約兩百人的間諜到處活動，並且於一九四一年八月下旬秘密開始以艦載航空兵為重點的實戰演練，其中轟炸機編隊至少做了五十次演習，最後在三千公尺高度的命中率高達八〇%。此外，參戰艦船也進行嚴格的訓練。

最後的結果大家都知道，美軍的太平洋艦隊幾乎全軍覆沒。日本人給美軍好好的上了一堂關於偽裝重要性的課。自此，美軍才把研究偽裝與反偽裝術提到足夠重要的地位，於是就有了日後諾曼第登陸的巨大成功。

知彼知己，百戰百勝，這是一條鐵的定理。但是雙方都做到知彼知己，那就百戰不能百勝了。所以你必須要知己，同時希望彼不知己，你必須知彼，同時希望彼不能知你，知與不知，權不在你，希望彼不能知你，這種權力卻在你自己。你的真相完全顯露，對方向你弱點進攻，你必敗無疑。只有把弱點偽裝成優點的假象，使對方以為自己認識錯誤，中止進攻，才能轉危為安。

許多人都見過部隊用的偽裝網，部隊在戰時需要隱藏實力的時候，就用它和其他必要的道具，把真實的武器隱藏起來，讓對手偵察到的是一些假象，進而使敵人上當受騙。此外，在隱藏自己實力的同時，也就意味著隱藏了自己的弱處，讓敵手在某種程度上疲於防守而難以進攻。

偽裝向來都是一種重要的戰略手段，尤其是一些著名的軍事家對此更是運用得出神入化，

戰場生存守則

讓對手防不勝防。那麼，在職場中如何應用？

首先，要充分瞭解對手，對手的想法是十分重要的。

其次，要分清楚哪些該偽裝，哪些不需偽裝。偽裝總是要花費相當的精力，如果你總是想把自己的一切都偽裝起來，可以想像，每次都要付出極大的精力和時間甚至花費。但有些時候，對手其實只是在虛張聲勢，或者僅僅是在試探，不需要你把所有的一切都隱藏起來，這個時候，你就要注意分辨，不要反被對手所迷惑，提前暴露了自己的意圖。因為有些時候，偽裝只是一次性的。

最後，在偽裝的同時，還要學會識破對手的偽裝。偽裝的原理是一樣的，你會用，對手當然也可能會用，這時，就要考考你的眼力了。識不破對手的偽裝，也就意味著你的失敗。所以，善於識破偽裝也是重要的必修課。

偽裝與反偽裝永遠是戰場上對立的兄弟，也是職場上一個永遠不過時的主題。想要不被對手所趁，你就要練好內功，不論是偽裝自己，還是識破對手的偽裝，都是你職場上要進修的內容，只有這樣，你才能永遠站在勝利者的行列裡，才能真正的掌控自己的命運。

不要讓嘴上長刺

除了行動之外，言語也是你的形象，話說得對與錯，「嚴重」影響你在別人眼中的印象。

一九四三年三月，巴頓率領美第二軍受命配合英國蒙哥馬利將軍的行動。巴頓遇到了德軍頑強的抵抗，戰鬥十分慘烈，雙方傷亡都很慘重。

本來在這個時候，巴頓需要英國空軍的全力支援，但是有一次，德軍轟炸機空襲了美軍司令部，巴頓的一位年輕副官犧牲，巴頓在當天的戰況報告中尖銳的指出：「整個上午，攻擊部隊不斷遭到空襲，由於我們的部隊沒有空中掩護，德國空軍便肆無忌憚的橫衝直撞。」面對巴頓尖刻的言辭，英國空軍少將亞瑟・科寧漢進行了反擊。他寫了一份針鋒相對的報告，指責巴頓「謊報軍情」，並譏諷的說，希望第二軍不要再把「陸上的失敗歸結於空中」。

兩人展開了一番唇槍舌劍，嚴重的影響盟軍的團結。最後，不得不由盟軍總司令艾森豪出面，才平息了這場無意義的辯論。

不可否認，巴頓是一位出色的將領，然而在如何做人上，卻是一個不折不扣的學生。本來可以因此要求空軍為他提供更多的支援，然而他卻用了最不可用的一招，逞口舌之利，最終既沒佔上風，也失去他應得的實際利益。巴頓的教訓，每個人都應該引以為戒。

跟別人相處的時候，我們要記住，和你來往的不是度量不凡的賢人，更不是修煉到家的聖人。和你來往的都是感情豐富的常人，甚至是充滿偏見、傲慢和虛榮的怪人。賢人和聖人能夠虛懷若谷的接受別人的批評，但常人不能，怪人更不能。

「在人際交往中，破壞力最強的莫過於三個字：你錯了。」它通常不會造成任何好的效果，只會帶來一場不快，一場爭吵，甚至能使朋友變成對手，使情人變成怨偶。

所以，當你想說「你錯了」時，應該明白，對方十有八九不會虛懷若谷的接受，就像你自己不會虛懷若谷的接受別人說「你錯了」的評價一樣。

有一位先生，請一位室內設計師為他的居所布置一些窗簾。當帳單送來時，他大吃一驚，感覺到自己在價錢上吃了很大的虧。

過了幾天，一位朋友來看他，問起那些窗簾時，說：「什麼？太過分了。我看他佔了你的便宜。」

這位先生卻不肯承認自己做了一樁錯誤的交易，他辯解說：「一分錢一分貨，貴有貴的價值，你不可能用便宜的價錢買到高品質且有藝術品味的東西……」

結果，他們為此事爭論了一個下午，最後不歡而散。

當你不願承認自己錯了時，完全是情緒作用，跟事情本身已經沒有關係。當你錯的時候，也許會對自己承認。

如果對方處理得很巧妙而且和善可親，你也許會對別人承認，甚至以自己的坦白直率而自豪。但是如果有人想把難以入耳的事實硬跟你說，你是絕對不肯接受的。

既然你自己是這種習性，也可以理解別人也有同樣的習性，不要把所謂的「正確」硬塞給他。他雖然明知錯了，也希望得到足夠的尊重。所以，別去指責他們，因為那是愚人的做法。

當你犯了錯誤，並非不知道犯了錯誤，只是頑固的不肯承認而已。所以，當你對一個人說「你錯了」時，必然撞在他那面固執的牆上。

沒有多少人能夠正視別人的批評，大人物不能，小人物更不能。

做錯事的人只會責怪別人，而不會責怪自己——大多數人都是如此。

這不是度量的問題，而是人性的問題。只有極少數人能夠克服人性的弱點而使度量大到能接受批評的程度。但這種人一般很難遇到，至少你不必指望眼前這個人就是一個已克服人性弱點的聖人。

永遠不要這樣說：「你的確錯了，不信我證明給你看。」這等於是說：「我比你更聰明。我要告訴你一些事，使你改變看法。」

你直接打擊他的智慧、判斷力、榮耀和自尊心，只會使他想反擊，不會使他改變心意。

牆頭草的成功術

二戰中的瓜達爾卡納爾島戰役，是太平洋戰爭中的重要戰役。

其實，在戰役開始之初，日、美雙方在艦艇、飛機、兵力上相差無幾，日軍在航空母艦、主力艦等大型軍艦方面還稍佔優勢，但戰役的最後結局，日軍卻遭到了巨大失敗，原因何在？

第一在戰略上，日軍的作戰企圖超出了自己的作戰能力。日本一直存有擴張野心，其基本國策就是侵略擴張，在軍事上的表現就是得寸進尺，貪得無厭，每當佔領某地後，為了守住佔領的地域，就要進一步去佔領附近的其他要地，即使遭到了反擊，也不願主動放棄，這就違反了克勞塞維茲在《戰爭論》中所說的「進攻力量會逐步削弱」的規律，說得淺顯一點，就是進攻方隨著戰線的推進，需要防禦的佔領地區和至關重要的後方交通線越來越多，所使用的兵力也就越來越多，而用於第一線的部隊就逐漸減少，相反的，防禦方隨著戰線的縮短，兵力逐步集中，因而第一線的部隊越來越多，於是隨著雙方前線兵力的對比轉變，防禦方一旦兵力大於進攻方就可以發動反擊，進而使戰局發生轉變。

在戰爭初期，戰略進攻的第一階段，日軍佔領了拉包爾和新幾內亞東北部，企圖在俾斯麥群島建立第一道防線。這個地區對於日軍而言，已經是進攻力量的極限，但是在戰爭初期意外取得了出乎意料的巨大勝利，使得日軍統帥部利令智昏，忘乎所以，決定將戰線繼續向東南太平洋方向推進，因此在瓜島修建機場。原本瓜島被日軍視為無足輕重的小島，當美軍一九四二年八月七日在瓜島登陸後，如果日軍乾脆撤出瓜島，就不會展開一場對其不利的決戰，但是日軍認為不奪回瓜島，美軍使用瓜島機場將對整個所羅門群島形成巨大威脅，日軍在南太平洋上的重要海空基地拉包爾就將失去屏障，進而威脅到俾斯麥群島一線，所以決心全力奪回瓜島。

瓜島距離日本本土三千海里，無論是從艦艇部隊和航空部隊的作戰能力，還是從後勤運輸所需的船舶，都是日本力不從心的。自中途島戰役失利後，日軍未及時收縮戰線，轉入戰略防禦，仍然繼續向所羅門群島發動進攻，顯然是不自量力。所以說，日軍戰略企圖與軍事實力之間的不可解決的矛盾，是導致日軍瓜島戰役失敗的最根本原因。

同時在思想上，日軍狂妄自大，對美軍的戰略反攻缺乏必要的準備，並因此主觀武斷的做出錯誤判斷，日軍統帥部一直有著根深蒂固的想法，即美軍的反攻是在一九四三年後，正是基於這種想法，日軍才力圖搶在美軍反攻之前盡量將戰線前推，而不願過早轉入戰略防禦。日軍認為，既然美軍的戰略反攻尚未準備就緒，繼續向所羅門群島的推進，就不會遇到什麼阻撓，才敢於一舉越過數百海里，在瓜島修建機場。這種做法，根本沒有意識到所面臨的威脅，從拉包爾到瓜島數百海里間，沒有可以居中策應的前進基地，在瓜島上也只顧修建機場，忽視必要的防禦準備，使島上的日軍對美軍的突然進攻，無論在精神上還是物質都毫無準備，在美軍的進攻下一觸即潰。

當得知日軍進駐瓜島後，就有人指出，這未曾不是好事，因為從地理上說，瓜島遠離日本本土，而靠近同盟國的澳洲等地，地理上對日本極為不利。當遭到美軍的反擊後，又未能果斷撤出，直到戰役後期，才在極其不利的局勢下做出撤離瓜島的決定，此時戰役中的巨大消耗，使其艦艇部隊和航空力量元氣大傷，再也無力與美軍爭奪戰略主動權。

日軍可謂是不識時務的典型代表。一個高明的決策者，應該伺機而動，如果發現形勢不利於自己的時候，要及時抽身而退，以保全實力，留待來日再戰，而日本的決策者卻狂妄自大，不自量力，最終以慘敗收場，其教訓不可謂不深刻。

俗語說：「識時務者為俊傑。」想要在複雜的社會上求得生存，就必須在堅持原則的基礎上懂得應變的道理，善於權變，伺機而動，古來許多成功者的成就都足以說明，不懂變通的人很難在事業上有成就。

提到審時度勢，伺機而動，大家很容易聯想到牆上草，迎風無力，任意東西，左右搖擺不定，風吹向哪裡，便倒向哪邊。不用說，很多人都喜歡那種迎風挺立的傲松，認為沒有定性的小草不好。換一個角度來說，大家都承認的一個原則是：為人應有一種骨氣。誠然，為人處世少不了骨氣，而且這裡所說的伺機而動，也絕非是要人們學牆上之草，隨風任意搖擺，事物總是具有兩面性，任何事物都有長處，也都有短處。關鍵是要審時度勢，牆頭之草固然是左右搖擺，但這也不失為一種求存之道。牆頭草自知身單力薄，生性柔弱，就避免與強風勁吹分庭抗禮，相風而動，因風而搖。都說它錯了，它卻能保存自己，挺立於牆頭之上。

因此，我們不能說牆頭草無可取之處，牆頭草隨風倒正是為了求存。試想，如果連自身都保不住，還要談什麼宏偉的理想，遠大的志向，還創什麼宏圖大業。

牆頭草的成功，能否給你一些啟示？

別人送你刀子，你就還他炸彈

第二次世界大戰初期，美國吃了日本人的虧，珍珠港的美國太平洋艦隊幾乎損失殆盡。「來而不往非禮也」，在義大利西西里島登陸作戰時，以美軍為主的盟軍也以同樣的手段對付德、義軍隊。

由於西西里島是與義大利隔海相望的地中海最大島嶼，成為盟軍在北非戰役之後的首要目標是顯而易見的事。正如英國首相邱吉爾所說：「除了傻瓜，誰都會明白下一步是西西里島。」

面對西西里島上強大的德、義守軍，只有一個辦法可行，那就是：誘使希特勒做出錯誤判斷，即西西里島是一個過於明顯的目標，盟軍有可能打算在南歐沿海其他地區大規模登陸。如果是這樣，盟軍的下一個企圖將會選擇兩個地方登陸：一是希臘，另一個就是薩丁島，以此做為進攻法國南部的跳板。讓希特勒調動軍隊去這兩個地區防守，以減輕登陸西西里島的壓力。

為了欺騙德、義守軍，盟軍利用一具屍體假造了一個實際上不存在的英軍軍官威廉・馬丁，並為其捏造了一連串身分及相關文件，最關鍵的是他隨身攜帶的文件中，有一份標註「絕對機密」的文件，裡面有幾封盟軍高層人員相互之間的通信，透露了一個所謂的絕對機密情報：盟軍的確準備進攻西西里島，但只是作為進攻薩丁島和希臘的掩護，進而說明盟軍將要登陸的是希臘而非義大利，然後將這具屍體放入大海，故意讓親近德國的西班牙把相關消息透露給德國，估計消息「洩密」之後，英國又逼西班牙交還屍體，使西班牙加快向德國人通報消息的速度，同時也迷惑了兩者，認為英國之所以這麼急切的想要回屍體，說明屍體上攜帶著非常重要的情報；最後還考慮到德國人可能懷疑一個代理少校不可能受託攜帶這麼重要的文件，於是給了馬丁一個可信的身分——一個應用登陸艇的專家……總之，一切都做得恰到好處，環環相扣，天衣無縫，不由得德國情治單位不上當。

德軍情治單位首腦羅恩納的結論是：情報完全屬實，盟軍的主攻方向在薩丁島和伯羅奔尼薩斯，同時對西西里島採取佯攻。希特勒統帥部正是根據這個「情報」，於一九四三年五月十二日下達了兵力調動的命令，讓在西西里島上駐紮的德軍向希臘方向調動一部分兵力，他們終於上了盟軍的圈套。

有一句話說得好：「別人送你刀子，你就還他炸彈」，如果這時你還要和對手講求仁慈，不肯下決心，吃虧的只有你自己。

與誠實的對手當然要報以誠實，但與狡猾的對手周旋就不能老實認真，不但要假裝愚笨耍滑頭，而且這滑頭要耍得有技巧、夠水準，這樣才能使對手既不甘心，又無可奈何。

裝無知、耍滑頭不是老實認真的態度，但是正是用這種方法，才能制服對手，才能在明爭暗鬥中自保，才能在周旋中贏取主動，並且最終取得勝利。裝「無知」其實是「心知肚明」，耍滑頭其實是要使自己不蒙受災禍，這對免於陷入權勢的壓制和麻煩的紛擾中尤其有用。

沒有人願意承認自己「滑頭」，都說自己忠厚老實、處世認真，但是真正在現實中遇到棘手的事情時，人們總是記起「滑頭」的法寶，並且在困難迎刃而解，萬事大吉之時，「滑頭」就會變成「聰明」的美譽。

一第八章一

不像主力的部隊，才是真正主力

不要以為那支小部隊是無關緊要的，往往在它的身後，隱藏的是一支真正的主力部隊。戰場上，這樣的戰例屢見不鮮，因為疏忽而丟了小命的也大有人在。

戰場上，高明的一方會在對方最疏於防範的地方設置真正的主力，一擊而制勝。所以，想要活命，就必須不放過每個細節，這也是《美軍守則》中極力強調的一點。

看似不起眼的小事，往往決定大局

一九四三年八月二十七日，盟軍軍艦「白鷺」號與另一艘軍艦在大西洋上的比斯開灣護航時遭到了德國空軍的猛烈攻擊。兩架德國「道尼爾DO-17」轟炸機向它們發射了四枚導引炸彈，其中一枚準確的落在「白鷺」號甲板上。劇烈的爆炸使艦上二二五名水兵魂歸大海，讓「白鷺」號艦毀人亡的德軍這個秘密武器，就是編號為「HS-293」的導引炸彈。

從一九四三年下半年開始，德國人就在他們的轟炸機上裝備了這種有五百公斤重的新式空投武器。它裝有無線電接收裝置，並且在尾部安裝了助推器，能在無線電的控制下自動調整飛行方向。從理論上說，「HS-293」能在轟炸機飛行員的遙控下，準確的擊中任何目標。目睹過「HS-293」攻擊的盟軍官兵給它起了一個生動的綽號——「追我的查理」。

在「白鷺」艦遭襲之後，比斯開灣的盟軍船隻不斷出現被「查理」「追趕」的情況。盟軍損失慘重。為阻止「查理」的「追趕」，找出對付這種秘密武器的方法，英國皇家海軍決定用一招「苦肉計」：派一支搭載科學家的小型艦隊進入比斯開灣，引誘德國人使用「HS-293」攻擊，為科學家們創造一次實地考察的機會，以便他們能在第一現場研究出干擾飛機和炸彈之間導引信號的方法，「誘餌」艦隊的任務落在了英國皇家海軍的第二支援艦隊身上。

德國人的反應出奇的快，第二支援艦隊剛剛進入比斯開灣，就遭到他們十二次攻擊。隨行的科學家們對滿天飛舞的「追我的查理」束手無策，帶來的儀器也沒找出干擾的辦法。所幸艦隊指揮官沃克技藝高超，每次都指揮軍艦靈巧的躲開了德國人的攻擊。

第三天，盟軍的機會來了。德國轟炸機向第二支援艦隊中的「野鵝」號護衛艦一口氣發射了兩枚「HS-293」。眼看「野鵝」號無處可躲，兩枚炸彈偏離了方向，遠遠的落入水中！

驚魂未定的科學家們對這一幕大感興趣，遂要求調查炸彈扔下來時艦隊的水兵們是不是在使用什麼電子設備。事情很快弄清楚了：德國人的炸彈扔下來時，艦隊另一艘護衛艦「燕八哥」號上有位軍官正在用電動刮鬍刀刮鬍子。科學家們立刻興奮起來，他們意識到，肯定是轉動的電動刮鬍刀影響了德國人的導引炸彈！

為了驗證這個猜測，沃克指揮艦隊靠海岸更近了一點，以吸引更多的德國轟炸機和「追我的查理」。果然，整整一個中隊的德國轟炸機帶著「追我的查理」蜂擁而至。沃克也早有準備，他下令將艦隊中僅有的四支電動刮鬍刀集中在一起，在德國轟炸機發射「追我的查理」的同時把它們全部打開。這個冒險的試驗竟然取得了成功，小小的刮鬍刀讓德國人發射的「HS-293」全部失靈，像蝗蟲一樣落入海中！

是什麼原因？原來，電動刮鬍刀轉動時會產生微弱的電磁波，這些電磁波的波長與導引「HS-293」炸彈的無線電波波長相似，進而對「HS-293」的遙控指令產生影響。就像現在我們看電視或聽廣播時，如果有人在附近使用電動刮鬍刀，就有可能出現這樣的現象：電視螢幕上布滿雪花、廣播裡充滿「沙沙」聲。這就說明電視或廣播信號受到電動刮鬍刀電磁波的影響。

威力巨大的炸彈竟然敗於小小的電動刮鬍刀，真是不可思議！但事實就是這樣，看似不起眼的小事反而會影響全局。

有很多人不屑做的事，總是盲目相信「天將降大任於斯人也」，孰不知能把自己所在職務的每件事做成功、做好就很不簡單了。不要以為總統比里長好當，有其職斯有其責，有其責斯有其憂。如果力不及所負，才不及所任，必然禍及已身，導致混亂。所以，重要的是做好眼前的每件小事。所謂成功，就是在平凡中做出不平凡的堅持。

舉一個例子：遨遊宇宙，繞行地球，每個人都能想像的出是怎麼一回事；但是，任何一個人，從十八到六十歲，每天徒步半個小時，就可以繞行地球一周，幾乎極少有人認真思考過。

戰場生存守則

「海不擇細流，故能成其大；山不拒細壤，方能就其高。」有些人以為做了大官才能做大事，或者只想做大事，最終肯定成不了大事，反而連小事也做不好。

只有從小事做起，把每件小事做好，才可以成就大事。

勇士腳下的一粒沙

《美軍守則》中告誡美軍士兵：那支你不加注意的小部隊才是敵人攻擊的真正主力。這條守則同時告誡了生活中的人們，不要忽視細節的力量。

一九二七年在尼加拉瓜，二二五名美國海軍陸戰隊員和國民警衛隊員前往新塞戈維亞省去搜捕尼加拉瓜的反對派領導人桑地諾，但卻沒有抓到他。十月八日，一架海軍陸戰隊偵察機迫降在塔里帕尼卡北部的薩波蒂拉山脊上。政府軍派出一支小型巡邏隊去尋找飛行員和觀察員，遭到了桑地尼斯塔份子的伏擊而被迫返回並損失了三個人。隨後，一支較大的巡邏隊出發，一路追擊桑地尼斯塔份子，並且於月底到達了飛機墜落的山脊。然而，已經太晚了，飛行員和觀察員已經被絞死了。

海軍陸戰隊繼續搜捕桑地諾。十一月二十三日，洛維爾少校的監視隊發現桑地諾藏在堅固的山間要塞——艾爾奇波特。隨後，約兩百名海軍陸戰隊員和國民警衛隊員對這個要塞發起進攻。美軍認為桑地諾的部隊已經損失殆盡，所以並未對可能發生的頑強抵抗有一點心理準備。因此，十二月三十日，陸戰隊和尼加拉瓜國民警衛隊由於輕敵而遭到約一千名桑地諾份子的攻擊，造成八人陣亡、三十人受傷，並且被趕到基拉利村，桑地諾份子在這裡將他們包圍，美軍傷亡慘重。

在這次戰鬥中，美軍之所以失利，僅僅是因為自身的輕敵。可見，在一次軍事行動中，所有細節都必須考慮進去，才可以取得最後的勝利。

由軍事行動可以推見很多事情，曾經有一個名人說過這樣的一段話：「每個人的工作，都是由一件件的小事構成的……所有的成功者，他們與我們都做著同樣簡單的小事，唯一的區別就是，他們從不認為他們所做的事是簡單的小事。」這段話聽來樸實無華，卻意味深長。其實，人生就是由許多微不足道的小事構成的。

在公司裡，許多看起來是芝麻綠豆大的細節，往往會被你忽視。其實，很多細節實際上影響著你的工作和前途。細節是對自己綜合素質最真實的考察，也是區別於他人的特點。如果你想取得更大的成功，就不要忽視這些細節，讓自己養成從小事做起的習慣。

有一個普通的推銷員，他沒有傲人的成績，也從來沒有人注意過他，但是每次出差在旅館登記時，他總是不會忘記在自己的名字下面寫上「每桶四美元」的產品宣傳口號。後來，他又把「每桶四美元」的口號簽在書信上、收據上、帳單上。長此以往，他的名字幾乎都被人忘記了，大家都親熱的叫他「每桶四美元」。

就這樣，在不經意間，許多客戶都知道了產品的價格，紛紛找他訂貨。他的老闆——石油大王洛克菲勒也知道了他，並且被他的細心所感動。洛克菲勒卸任以後，他就成為美孚石油公司的第二任董事長。

在現代社會裡，沒有人能一下子就改變自己的命運，走上成功的大道，但是你可以從觸手可及的小事做起。這些工作中的細節的累積就像水滴，只要你肯努力，終有一天，你會發現，成功真的能像石板一樣被滴穿，透出光亮。相反的，如果你不注意這些細節，它則會像一塊塊不起眼的石子，時間長了，就堵住你前進的道路。

成功在於平時的訓練

俗話說：「養兵千日，用兵一時。」戰場上的成功，都是平日刻苦訓練換取的回報。第八十二空降師是美軍的快速部署部隊和戰備值勤部隊，其快速部署能力和作戰能力在西方軍隊中首屈一指。這主要得益於它逼真的、高強度的和別具一格的軍事訓練。它在軍事訓練中的主要做法是：

採用輪訓制度，確保參訓率與效果

為了使戰備值班、作戰訓練和保障全師日常生活三大任務能順利進行，第八十二空降師採用一種「三分之一輪訓」制度，來確保每個人都有足夠的時間進行軍事訓練。它把全師部隊分為三部分，每天有三分之一的部隊戰鬥值班，隨時準備對世界任何地方出現的突發事件做出反應；三分之一的部隊進行訓練，確保具備完成特定作戰任務的能力；三分之一的部隊實施保障，確保全師日常活動順利進行。擔任保障任務的部隊為其他三分之二的部隊準備好用於快速部署的車輛和裝備，使他們能集中精力進行戰備值勤和高強度的軍事訓練。這樣，全師部隊在每個訓練年度都能得到相同時間和相同強度的軍事訓練。一般情況下，每個傘兵每年訓練近兩百七十天，長跑約一千一百三十公里，至少進行十二次傘降作戰訓練，並且參加幾次晝夜不斷的實彈演習。

「遠離營房」訓練，適應各種作戰環境

氣候和地形是考慮任何軍事行動的主要因素。這些因素對第八十二空降師來說尤其重要，因為它必須在接到命令後，十八小時內部署到世界任何地方。為了可以被部署到多種環境中實施作戰，第八十二空降師不僅在布雷格堡進行射擊、體能等基本技能訓練，而且實施全面的「遠離營房」訓練計畫，到世界其他地方進行訓練。它的部隊定期去加州歐文堡全國訓練中心，與機械化部隊一起進行高強度作戰訓練；定期去路易斯安那波克堡聯合戰備訓練中心，與輕步兵和機械化部隊一起進行中低強度衝突作戰訓練；定期去巴拿馬克萊頓堡叢林戰訓練中心，進行輕裝部隊在叢林環境中實施低強度衝突軍事行動的訓練。在一九九六至一九九七訓練年度，第八十二空降師的傘兵在美國和海外的二十六個不同傘降場跳傘訓練九萬八千零四十人次。

進行實彈演習，瞄準實戰能力

第八十二空降師不僅重視在多種環境中實施訓練，而且重視在多種環境中實施實彈演習。一九九六年六月，第二旅特遣隊的三千多名傘兵被部署到波克堡聯合戰備訓練中心，進行三個星期的中低強度衝突演習。同年八月，第五〇五傘降步兵團一營特遣隊的八百多名傘兵被派遣到加州的沙漠裡演練沙漠作戰戰術。同年十月，第五〇四傘降步兵團特遣隊的三千兩百多名傘兵又到聯合戰備訓練中心進行演習。一九九七年一月，第五〇五傘降步兵團一營特遣隊被部署到巴拿馬叢林戰訓練中心，進行三個星期的叢林進攻作戰演習。同年三月二十日，九百五十多名傘兵跳傘進入布雷格堡的「荷蘭傘降場」，參加大西洋總部組織舉行的聯合特遣部隊「97－2」演習。其作戰任務是傘降進入敵佔區，在三十六個小時內奪佔和建立兩個機場。同年四月，第五〇四傘降步兵團的八百多名傘兵又到加州沙漠進行為期三十天的沙漠作戰演習，演練在中強度衝突中，在沙漠環境條件下，將裝甲部隊和輕型空降部隊的所有作戰能力結合在一起；在這些演習中，第八十二空降師耗費五・五六公釐槍彈九〇四・一萬發，七・六二公釐槍彈一一〇・四萬發，炸藥九・一萬磅，「謝里登」坦克炮彈一萬一千五百多發。透過這些演習，第八十二空降師檢驗和提高了部隊空降突擊、奪佔機場、反裝甲作戰、空中突擊等複雜作戰行動的作戰能力。

由第八十二空降師的訓練，你就不難發現它成為美軍的王牌師的原因。也許一萬個小細節才能換得一場戰鬥的勝利，但是一萬個細節裡可能只需要一個細節就可以把你的成功毀於一旦，所以千萬不要忽視細節。

鮑勃・彼得森原來是加油站的工人。一九四七年，他預感到有許多人像他那樣喜歡給汽車裝上增壓器以提高車速，熱衷於談論汽車。於是，他便與另一人合夥，拿出他們所有的財產——四百美元，作為資本。他們把熱情傾注到一本雜誌上，給它取名為《熱軸》。然後，彼得森帶上雜誌，到了加州的賽車場，以每本〇・二五美元的價錢推銷，一炮打響。現在，彼得森出版王國出版二十三種有關汽車的雜誌，彼得森的財產估計已經超過三十五億美元。

幸運兒採取的行動看似膽大，實際上他們清楚的意識到成功的可能，並且在實現成功的過程中，打好基礎，做好一個個細節罷了。

成功其實就是這麼簡單。

小失誤同樣致命

在第二次世界大戰中的中途島大海戰，是二戰中的一個轉捩點。就是在這場戰役中，美軍一舉扭轉了劣勢，由守轉攻，日軍賴以起家的強大的海軍幾乎全軍覆沒。

一九四二年六月四日凌晨六時，南雲艦隊的一百零八架戰鬥機發起空襲中途島的第一攻擊。日軍以損失六架戰機的很小代價完成第一次攻擊，而中途島的美軍則損失慘重，機場、油庫、海上飛機滑行坡道、營房、餐廳等處均遭毀壞，並有十五架美國戰機被擊落。

由日本軍艦上起飛的偵察機發現了美軍用作誘餌的小型航空母艦艦隊，但卻沒有發現近在咫尺的美軍主力艦隊（第一個細節），而此時的兩軍相距約一百五十海里，正好在有效攻擊半徑之內，日軍的航空母艦離中途島也只有一百五十海里。

日軍指揮官南雲中將在八點十分左右時的確沒有發現美國航空母艦，日偵察機的報告是：「美艦為五艘巡洋艦和五艘驅逐艦。」南雲的參謀長草野主張第二波攻擊中途島，回頭再來對付這十艘軍艦組成的普通艦隊。然而，幾分鐘之後，日偵察機又發回一份語意模糊的電文：「敵艦似乎由一艘航空母艦殿後。」（第二個細節）

南雲確認美方航空母艦陣容之後，必然採取緊急措施，但南雲面臨一個時機的選擇問題。一是馬上動用後備飛機發起一次進攻，但「赤城」號、「加賀」號上的大部分魚雷機都已裝上了準備轟炸中途島的炸彈，是先撤換彈藥，還是即刻起飛？而且，如果是即刻起飛，完成襲擊中途島任務後，這些飛機在戰鬥結束前將繼續留在空中盤旋，其中的一些飛機經過遠距離飛行而油料不足，很可能掉進海裡。二是在發動攻擊之前，召回第一攻擊波機群以及正在進行戰鬥巡邏的第二攻擊波戰鬥機，以便重新裝滿彈藥和油料。這樣將可能發動一次較強的攻勢，但至少需要一個小時的時間，美軍飛機將完全可能利用這段時間發起對南雲艦隊的襲擊。如果美機恰巧在日軍為飛機補充彈藥和油料之時進行轟炸，日艦將面臨致命的打擊。

南雲權衡再三，舉棋不定，終於決定採取第二種方案。按理，這是一種危險的方案，但他卻認為這是正統的戰略戰術。他希望畢其功於一役，而又盡可能減少損失。然而他忽視了時間因素，也許是不太相信美國艦隊會利用時間差來抓住稍縱即逝的戰機（第三個細節）。就在這短短的一小時內，戰局急轉直下，幸運女神給處於劣勢的美國人助了一臂之力。

美軍終於抓住了千載難逢的機會，八點左右，籌劃已久的對日攻擊戰開始了。從「大黃

戰場生存守則

蜂」號航空母艦上起飛了三十五架「無畏」式俯衝轟炸機、十五架「復仇者」式魚雷機和十架「野貓」式戰鬥機。從「企業」號航空母艦起飛了三十三架「無畏」式俯衝轟炸機、十四架魚雷機、十架戰鬥機。八時四十分，十七架「無畏」式俯衝轟炸機、十二架魚雷機和六架戰鬥機又從「約克城」號航空母艦上起飛。

然而，龐大的機群缺乏配合，編隊四分五裂。由於偵察機的失誤，一些美機來到預定海域卻不見南雲艦隊蹤影。有的飛行編隊與日艦行駛方向恰好南轅北轍。一隊由十五架魚雷機組成的編隊，獨自向北搜索，終於發現了南雲編隊。不幸的是，這組美機燃油耗盡，而且無戰鬥機掩護，被日本「零式」戰機和高射炮火紛紛擊落。

與此同時，由「企業」號起飛的十四架魚雷機和由「約克城」號上起飛的十二架魚雷機在襲擊日艦「蒼龍」號和「飛龍」號的戰鬥中均遭重創，更可悲的是，美機所投魚雷竟無一命中日航空母艦。

就在美軍敗局將定的時刻，卻出現了戲劇性的轉折。從「企業」號上起飛的三十三架「無畏」式俯衝轟炸機，在預定海域沒有發現目標，搜索了一個小時也一無所獲，由於燃料不足，正準備返航時，卻突然意外的發現了日軍的航空母艦艦隊。

此時，日艦正處於極易受攻的境地，甲板上到處是魚雷、炸彈以及剛加好油的飛機，而且保護航空母艦的「零式」飛機已經全部升空，正在四處追殺美國魚雷轟炸機。這正是美軍求之不得的有利時機（第四個細節）。於是，「無畏」式俯衝轟炸機開始了無畏的攻擊。

美軍飛行員猶如大發橫財一般痛快淋漓的輪番攻擊，連續投彈。頃刻之間，日艦上火光、烈焰沖天，驚人的爆炸聲此起彼落。日軍航空母艦艦隊的「赤誠號」、「加賀號」、「飛龍號」、「蒼龍號」均被擊沉，日軍艦隊遭到了毀滅性打擊。

雖然雙方這次交火的有效時間只有五分鐘，但就在這五分鐘裡，日本海軍的中堅力量遭到了摧毀，美軍扭轉了不利局面，使太平洋戰局出現了重大轉變。

想要贏，就要把失誤降低到最低限度，最好是沒有。當然這種要求是不實際的，誰都會有失誤，但關鍵是你是否經常犯同樣的小失誤，或者你從不注意對小失誤的總結，總認為這是很小的細節，下次注意就行了，如果你有這樣的心態，你離失敗已經不遠了。在職場中，細節總容易為人所忽視，所以往往最能反映一個人的真實狀態，因而也最能表現一個人的修養。正因為如此，透過小事看人，日漸成為衡量、評價一個人的最重要的方式之一。

細節的成功看似偶然，實則孕育著成功的必然。細節不是孤立存在的，就像浪花顯示了大海的美麗，但必須依託於大海才能存在一樣。

戰場生存守則

成功不一定是把事情做到最好，有時候把失誤減少到最少，同樣能夠保證成功。可惜，許多人卻往往忽視了這一點，於是他們連自己怎麼輸的都不知道，這才是最大的可悲。

—第九章—

重要的事情往往簡單

重要的事情往往不像你想像的那樣複雜，如果對於每件事情，你都要套上複雜的框架，結果只有兩個：一是把本來簡單的事情弄得複雜，二是把複雜的事情弄得更複雜。

在戰場上，追求效率是排在第一位的，其他的事情都是次要的。這是《美軍守則》特別強調的一個作戰理念。

治標不如治本

在第二次世界大戰的初期，美軍在菲律賓作戰失利，面臨全面崩潰的危險，美軍做出了全面撤退的決定。

美軍車輛從四面八方湧向巴丹，從馬尼拉出城的三條公路上擠滿了卡車、拖著一五五公釐大炮的牽引車、海軍裝載著運輸槍炮的卡車以及小轎車、牛車等。

本間雅晴將軍不知出於什麼原因，竟然沒有在此時出動他的航空隊來打擊地面這些龐大的後撤洪流。顯然，日本打算為控制這座城市進行決戰，沒有料到麥克阿瑟會從馬尼拉撤退，因而打亂了日本人在太平洋上的時間計畫表。

此時，面對美軍的全面後撤，本間錯誤的認為這是美軍的全面潰敗，揮兵直逼馬尼拉，而忽視了運用空中優勢摧毀馬尼拉市北面兩處重要的橋樑。這兩座橋樑坐落在卡隆比特河上，是向巴丹撤軍的咽喉要道，只要日軍在橋上扔兩顆炸彈，就可將所有後撤部隊的道路切斷。

就像歐洲戰場上站在敦克爾克的德國人沒有對正在撤退的英、法軍隊發起致命的最後一擊一樣，日本人沒有使用巨大的空中優勢來加強進攻，沒有襲擊在唯一的兩座公路橋上互相擁擠的車輛和士兵，也沒有摧毀那座橋樑。

到新年的第一個星期為止，麥克阿瑟一共從呂宋島撤出了八萬美、菲聯軍以及二萬多名菲律賓難民。開始在橫貫巴丹島沼澤地和納蒂布山的兩座火山峰的阿布凱防線上，挖壕固守了。這樣一來，麥克阿瑟有了可供調遣的一・五萬美軍部隊和大約六萬菲律賓部隊，麥克阿瑟計畫他可以在半年內或更長的時間裡，阻止日本人的進攻。

在這場戰役中，美國人顯然是輸了的「贏家」。保存主力，留待日後再戰是非常英明的決定，麥克阿瑟也率領他的部下做到了；反觀日軍，卻不懂打擊敵人的再生力量這個最基本也最重要的戰場準則，只知佔領那些毫無意義的地方，卻放走了大量的美軍，為日後日軍的失敗留下了「伏筆」，日後美軍的反攻正是由這批撤退的士兵擔任的主力。

面對一個難纏的問題，治標不如治本是最基本的解決辦法。

如同一個被打亂的繩結，想要理順它，就必須找到繩結的頭。亞歷山大雖然用利劍砍開了著名的附有魔咒的繩結，但不可否認的是，他也沒有得到相應的力量。所以說，在這個問題上，亞歷山大不是一個贏家，因為他沒有找到根本的解決辦法。

有些人顯然習慣了頭痛醫頭、腳痛醫腳的處理方法，這樣的方法也許在短時間內會收到一定的效果，但想要使問題徹底解決，還是要改變思維，從根本做起。比如改革，必須改到實質中，像通用公司的前任CEO威爾許說的「要像潛水艇一樣深深的潛入水底，才能看到絢麗的景色」那樣，才能收到應有的效果。人事問題往往是企業改革的首要問題，許多企業總是為過多的冗員頭痛，究其主要原因就在於設置了過多的部門。

問題之所以存在，往往是因為沒有找到解決的根本辦法，一旦找到了，問題也就不再是問題了。

複雜和麻煩住在一起

《美軍守則》：要一起使用才會生效的裝備，通常不會一起運來。這個法則運用在生活中就是更簡單的一句話：複雜和麻煩住一起。

在第二次世界大戰中的西西里島登陸戰役開始前，按照慣例要先制定計畫，於是這個任務交給了英國和美國的參謀人員。

其實早在一九四一年，英軍就認真研究能不能進攻西西里島，結論是：不能。一九四二年十一月，英國的參謀長委員會提出了一個進攻西西里島的概要計畫。該計畫可以叫做「港口－機場計畫」，計畫中由美軍奪取巴勒摩，由蒙哥馬利奪取錫拉庫薩，並且強調空中優勢是必不可少的條件。因此，除了使用盟國的機場提供大量航空兵外，還準備奪取島上的幾個主要機場。這意味著英國的三個師將分別沿著一百六十公里海岸線登陸，而美軍則在英軍西面九十六公里遠的地方登陸。然後，在進攻開始後兩天，由美軍在島的西北面實施二次登陸以奪取巴勒摩，由英軍在二百二十五公里以外的卡塔尼亞實施二次登陸。作為戰役其中的一個部分，英國和美國的空降部隊將在不同的機場空降。

可以看出，這個計畫用兵過於分散。指揮這次作戰的總司令亞歷山大將軍曾經建議對此計畫做兩點必要的更動：除非十分必要，不要分散使用各師；用傘兵奪取海灘而不是奪取機場。

因為英國和美國的參謀人員離實際戰場太遠了，所制定出來的計畫往往背離實際，不但計畫本身冗長，而且過於複雜，看起來很華麗，但是執行的時候會引出更多的麻煩而不是像他們想像的獲得勝利，就像一些奢侈品一樣，看起來很美卻沒有多大的實用價值。於是，蒙哥馬利就動手來制定計畫了。從這時起到計畫制定出來和最後被接受為止，連續進行了許多次曲折複雜的辯論。蒙哥馬利始終認為，西西里島戰役的關鍵問題是適當的集中兵力，成功的奪取包括卡塔尼亞、錫拉庫薩和奧古斯塔等港口在內的西西里島的東南角。但同時他也認為，如果放棄奪取其他港口和機場，也是錯誤的。事後證明，蒙哥馬利是正確的，前面關於計畫的多次辯論都是在浪費時間，因為蒙哥馬利抓住了問題的本質。

然而，負責空軍的特德將軍拒絕了蒙哥馬利的計畫，理由是，按照這個計畫不能奪取大量機場，並且不能保證獲得空中優勢。而海軍負責人坎寧安將軍則認為，這個計畫不能保護靠近海岸的船隻免遭空襲。但亞歷山大認為，從陸軍的觀點來看，這個計畫的基本概念是正確的。

於是，艾森豪行使他的權力了，他於五月二日召開了一次最高級會議。在會議上蒙哥馬利提出一個全新的計畫。根據這個計畫，美國人要放棄在戰役初期奪取巴勒摩的主張，改為在南部的傑拉一帶海岸登陸，英軍的第八集團軍則仍在他原來建議的地方登陸。也許這是進攻西西里島的最好計畫，蒙哥馬利拒絕做出任何讓步，結果，他的計畫成為最後被採納的進攻西西里島的計畫。

在制定實際作戰計畫時，蒙哥馬利抓住問題的本質，並且拒絕複雜冗長的不切實際的計畫，很顯然，他是最後的贏家。

解決問題，肯定會有很多方法，但總有一個方法最簡單、最實用，簡單管理就是要人們提出這個方法，進而實現高效率和快速度。

傑克·威爾許認為，越是簡單的管理，越能實現高效率，越能表現領導智慧。高效率對於企業而言是非常重要的，保持企業運轉的高效率也是每個領導者的重要責任。對於一個小企業來說，實現高效率似乎不是很難的事情，但是對於大企業來說，複雜的人際關係、繁冗的機構，很難實現快速、高效率。如何讓大企業也和小企業一樣輕巧靈活？最好的辦法就是讓大企業「瘦身」——擺脫複雜的管理程式，實現簡單化的管理。

國外一些大的企業，如ＧＥ（通用）、ＩＢＭ等就把削減多餘的管理層級，去除官僚主義和無止盡的開會的「大企業」習氣作為管理的重要原則，力求使一切變得簡單。

把事情弄複雜很簡單，把事情弄簡單很複雜。想要把一件複雜的事情做得簡單而有效，確實不是一件容易的事情，因為這可能會涉及到思想上的改變。

只有在思想深處真正的崇尚簡單，在處理問題時針對主題，才能實現真正的簡單管理。當你把幾頁紙的文件變成一頁紙，把一頁紙變成幾句話，把複雜的管理工作簡單化，把層層機構簡約化，你辦一件事、完成一個任務所用的時間就會少許多，效率自然也就提高了。

管理的最高境界就是越簡單越好。如果四兩撥千斤是中國功夫的精髓，化繁為簡就是管理的最高境界。

一次只做好一件事

成事之道，經常表現在一個人是否「專心」上。為什麼這樣說？因為一個人的精力是有限的，把精力分散在好幾件事情上，不是明智的選擇，而是不切實際的考慮。在這裡，我們提出「一件事原則」，即專心的做好一件事，就可以有所收益，突破人生困境。這樣做的好處是不致於因為一下子想做太多的事，反而一件事都做不好。

第二次世界大戰中，諾曼第登陸是盟軍最重要的一個大戰役。在此戰役中，最忙和最閒的人都是盟軍總司令艾森豪。對於他來說，只要下達一個命令即可，其他的事全部交給他的參謀去做就可以了。可喜的是，艾森豪這個命令下了，並且下得正是時候。

在戰役開始後的幾天裡，盟軍就有近十個師的部隊登陸成功，五萬七千五百名美軍和七萬五千二百一十五名英軍及加拿大軍隊的官兵，先後踏上法國的土地諾曼第，並且佔領數個八至十公里寬的登陸場，儘管這些登陸場相互間尚未建立聯繫，但為後續部隊登陸創造了條件。盟軍的登陸部隊前進了一・六公里至二・四公里。一九四四年六月七日，在諾曼第灘頭，盟軍從天而降的空降兵和從海上突擊的登陸兵加在一起，已經有十七・六萬人，各種車輛二萬輛。盟軍以傷亡和失蹤八千人的代價，打破了德軍苦心設置的「大西洋壁壘」，粉碎了德軍的反撲。

一九四四年六月七日，早飯過後，艾森豪登上英國「阿波羅」號布雷艦去視察灘頭陣地。「阿波羅」號緊靠奧馬哈灘頭下了錨，布萊德雷到艦上彙報戰場情況。他告訴艾森豪說，目前部隊從灘頭陣地向內陸推進的情況良好，但是還有使人擔心的地方。德軍在頑強抵抗，幸虧他們難以對戰鬥進行增援，因為橋樑和鐵路轉運中心都被炸毀。法國抵抗運動的貢獻遠遠超出艾森豪寄予的期望，儘管空軍並沒有有效的壓制海岸炮台，但是海軍的炮火支援開始不斷的發揮越來越大的作用。

事實證明，艾森豪在六月五日上午做出的發動「海王星」行動的決定是非常關鍵的。如果他在六月六日決定把進攻延遲到六月十九日，盟軍將遇到二十年以來的最惡劣的天氣。就連艾森豪回想起來也感到有些害怕，他在回憶錄中寫道：「如果那幾天的天氣都不好，可以預料，後果將是可怕的。秘密被洩露，突擊部隊被迫撤回……複雜的行動計畫將作廢，部隊士氣將下降。至少再等十四天或二十八天，這時兩百多萬人將陷入無能為力的困境之中，這實在太可怕了。」

戰場生存守則

艾森豪在天氣上的賭注贏得了勝利，儘管他在給好友斯塔格的信中寫道：「謝謝。感謝戰爭之神，我們在該出發時出發了！」但不可否認的是，沒有當時的決斷，也不會有今天的成果。這一點，邱吉爾對他給予了極高的評價，他說：「回顧這個決定，確實令人欽佩。事態的發展充分證實了他的正確性，而且我們之所以能夠獲得可貴的出奇制勝的機會，也多半歸功於他。」

確實，「海王星」行動的勝利，象徵著「歷史上最困難、最複雜的戰役已使盟軍重返歐洲大陸」。

諾曼第登陸中，總司令艾森豪只做了一件事，但是他把這件事做得很出色，最終諾曼第登陸成功的榮譽幾乎全部落到他一個人的身上。

想成就大事的人不能把精力同時集中於幾件事上，只能關注其中之一。你不能因為從事其他工作而分散你的精力，也就是說，你必須專注才能成功。所謂專注就是把意識集中在某個特定的欲望上的行為，並要一直集中精力，堅持找到實現這個欲望的方法，直到成功的將它付諸實施為止。專注是一種不可小視的力量，它會在你實現成功的過程中，產生不可估量的作用。

最成功的商人都是能夠迅速而果斷做出決定的人，他們總是首先確定一個明確的目標，並集中精力，專心的朝這個目標努力。

伍爾沃斯的目標是要在全國各地設立一連串的「廉價連鎖商店」，於是他把全部精力花在這件工作上，最後終於完成此項目標，這項目標也使他獲得了巨大成功。

林肯專心致力於解放黑奴，並因此使自己成為美國最偉大的總統。李斯特在聽過一次演說後，內心充滿了成為一名偉大律師的欲望，他把一切心力專注於這項目標，結果成為美國最有名望的律師之一。

伊斯曼致力於生產柯達相機，這為他賺進了數不清的金錢，也為全球數百萬人帶來無比的樂趣。海倫·凱勒專注於學習說話，因此儘管她又聾又啞，而且又瞎，但她還是實現了她的明確目標。

可以看出，所有成大事的人，都把某種明確而特殊的目標當作他們努力的主要動力。自信心和欲望是構成成功的「專心」行為的主要因素。沒有這些因素，專心的神奇力量將毫無用處。為什麼只有很少數的人能夠擁有這種神奇的力量，主要原因是大多數人缺乏自信心，而且沒有什麼特別的欲望。

對於任何東西，你都可以渴望得到，只要你的需求合乎理性，而且十分熱烈，「專心」這種力量將會幫助你得到它。

假設你準備成為一個著名作家，或是一位傑出的演說家，或是一位成大事的商界主管，或是一位能力高超的金融家，你最好在每天就寢前及起床後，花上十分鐘，把你的思想集中在這個願望上，決定應該如何進行，才有可能把它變成事實。

當你要專心的集中你的思想時，就應該把你的眼光望向一年、三年、五年甚至十年後，幻想你自己是這個時代最有力量的演說家；假設你擁有相當不錯的收入；假設你利用演說的收入買了自己的房子；幻想你在銀行裡有一筆數目可觀的存款，準備將來退休養老之用；想像你自己是一位極有影響的人物，假想你自己正從事一項永遠不用害怕失去地位的工作……唯有專注於這些想像，才有可能付出努力，美夢成真。

戰場生存守則

一次只專心的做一件事，全心的投入並積極的希望它成功，這樣你的心裡就不會感到精疲力盡。不要讓你的思維轉到別的事情、別的需要或別的想法上。專心於你已經決定去做的那個重要工作，放棄其他所有的事。

把你需要做的事想像成是一大排抽屜中的一個小抽屜，你的工作只是一次拉開一個抽屜，令人滿意的完成抽屜內的工作，然後將抽屜推回去。不要總想著所有的抽屜，而要將精力集中於你已經打開的那個抽屜。一旦你把一個抽屜推回去了，就不要再去想它。

瞭解你在每次任務中所需擔負的責任，瞭解你的極限。如果你把自己弄得精疲力盡和失去控制，你就是在浪費你的效率、健康和快樂。選擇最重要的事先做，把其他的事放在一邊。做得少一點，做得好一點，才能在工作中得到更多的快樂。

可以看出，專心的力量是多麼神奇！在激烈的競爭中，如果你能向一個目標集中注意力，就會增加成大事的機會。

只做需要做的事

「只做需要做的事」是美軍的一條重要法則。就是憑藉這一條，美軍在與日軍作戰中屢屢獲勝，反觀日軍，就是這條法則的犧牲者。

一九四二年一月底，日軍剛丟掉巴布亞北部的據點，為保持在北海岸有一個立足點，曾向澳洲防守薄弱的一個前哨陣地瓦島，發動了一場以地面滲透為主要形式的進攻。日軍企圖打入盟軍防線的這個缺口，很快就被麥克阿瑟從莫爾茲比港空運去的兵力趕下了大海。

但是這也給麥克阿瑟一個明顯的警告，日軍絕對不會就此而善罷甘休，一旦重新集結力量，他們一定會捲土重來。密碼破譯隊偵聽到的情報，證實了麥克阿瑟的判斷。日軍自一月底以來，加緊擴建在拉包爾的新機場，每天都有大量的船隊駛進拉包爾港口，卸下從東南亞調來的大批軍隊和裝備。

二月二十八日晚，夜海茫茫，風雨交加。日本陸軍第五一師六千多人，排著整齊的隊伍，一列列的來到拉包爾港碼頭。在那裡，海軍八艘運輸船排成兩路縱隊，已經發動。二十三點三十分部隊裝載完畢，在八艘驅逐艦、護衛艦的警戒下，迎著驚濤駭浪，開始了向新幾內亞萊城運送增援兵力的艱難航行。

這支龐大的船隊剛一駛離拉包爾港，麥克阿瑟就接到了「卡斯特」密碼破譯隊的報告。很快，麥克阿瑟的命令就迅速傳遍了美軍第五航空隊駐澳洲的所有基地。短短的三天中，兩百七十架轟炸機和一百五十六架戰鬥機做好一切準備，所有能出動的偵察機都已升空，在烏雲密布的海面上搜索著日軍的運輸船隊。很快，日軍的運輸船隊便被找到，美軍對船隊進行了猛烈的攻擊。攻擊過後，猛烈的轟炸一直持續了兩天兩夜，至三月三日上午八點三十分，俾斯麥海成為日軍的災難之海，被炸彈擊中的運輸艦船燃燒著大火，七歪八斜的在滔滔的海面上徐徐下沉，海面上到處是掙扎晃動的人頭。

在登陸與反登陸作戰中，最重要的問題不是控制空中，而是控制海上，把敵人的援軍徹底關在防禦圈之外，讓其無法增援，你就取得一半的勝利，麥克阿瑟顯然是這麼做的。他熟練運用美軍的優勢力量，把日軍的增援部隊徹底殲滅，進而真正取得戰爭的主動權。

正是對這條準則的理解不夠，所以日軍在作戰中表現出來的素質遠遠低於美軍，這也是日軍失敗、美軍勝利的一個重要原因。

簡單做事的要訣就是「只做需要做的事」，這聽起來就像廢話一樣，因為誰也不會把精力浪費在不需要做的事情上。但是事實果真如此嗎？恐怕不是這樣。表現在實際生活中，尤其是管理企業中就是管理者對複雜的推崇，頻繁的所謂「改變」如同家常便飯。

「通常，高級經理也存在類似的問題。他們認為實際上傳播資訊的唯一來源是自己，他們不明白為什麼組織內部會有那麼多的問題，於是就重新組織，重新建構，引入新方法，因為他們不理解人們為什麼感到困惑，許多優秀的人才受到日漸複雜的狀況的困擾。」

美洲銀行技術和操作部主管吉姆・迪克森的這段話指出了企業界的一個普遍的事實：我們的公司總是莫名其妙的在變化，很多公司不明就裡的從一種管理模式轉到另一種管理模式。難道這不是在做不需要做的事嗎？但這還只是其中的一個事實。

另一個事實針對管理人員的內心，那就是：「管理人員愛複雜，因為複雜給管理人員帶來了有意思的工作內容」。在管理專家看來，這裡的「有意思」應該是這樣的吧：只有當他們做點什麼的時候（無論什麼事情都可以），才能讓主管或者董事會覺得他們在做事（而不是無所事事），或者是讓主管感覺到他們不是在原地不動。

眾多的管理理論給管理人員帶來了方便，為他們提供了很多可以隨手拈來的工具和方法。於是，管理人員就一直在做著這樣的事：

「我們一定要改用分權，以突破瓶頸。」主管們這樣說。一年後，主管們的說辭是：「我們一定要改用集權，以提高效率。」

或許第三年又會改回分權制也說不定，誰知道？管理人員有時候是變幻莫測的，為了改革而改革，為了做事而做事。管理變成那些不必要的、累贅的和限制性的財政尺度，變成那些經常是被熱心的人力資源部門（又稱人事部）煽動起來的白癡專案，變成那些雖然出於好意卻又過於頻繁的「品質意識日」，變成公司製作的書籍、小冊子和錄影帶，更不要說一些只是形式上的「員工培訓」。

誠然，把做一件事情的速度提高五〇%、費用降低五〇%是一個巨大的進步，但如果這件事根本就不值得去做，做這件事就是一個一〇〇%的錯誤。

只做需要做的事，就意味著：「好的」不一定是需要的！不值得做的，千萬不要做！其他人都在做的，也不要做！

不要以為自己做的每件事都是最重要的，也不要以為自己做的每件事都是正確的。你要深知自己是一個管理者，你的每個決定和決策的正確與否以及是否有必要實施，不僅僅是你個人的事，它牽涉到公司的利益、員工的利益。只做需要做的事，否則只會勞民傷財，適得其反。

握住困境的刀柄

一九四四年的諾曼第登陸戰役中，盟軍為了搶得海灘以便使後續部隊能夠源源不斷的運上法國本土，與德軍展開了殘酷的戰鬥，這其中數奧馬哈海灘的爭奪最為慘烈。在這片小小的海灘上，德軍在水下修築了三道用鋼筋和水泥構築的屏障，並且在屏障之間布設了水雷；在岸上修建了許多能夠橫掃灘頭的堅固支撐點和戰壕；在盟軍有可能登陸的進出道路上布置了大量的地雷。同時，德軍指揮官隆美爾還把德軍戰鬥力極強的第三五二機械化師調到奧馬哈。然而，即將在此登陸的美軍不知道這個變化，因此整個戰鬥過程異常艱難。

雖然盟軍擁有絕對的制空權和制海權，所以在海面上的運兵船除了和惡劣的天氣進行鬥爭以外，倒沒有太大的風險。然而當登陸艦到達灘頭的時候，所放下的一艘又一艘的登陸艇不是被德軍擊毀，就是碰上了地雷，那些好不容易衝過地雷區的登陸艇剛剛放下第一批士兵，岸上就響起陣陣激烈的槍聲。在德軍的猛烈攻擊下，許多士兵倒下了，鮮血把海水都染紅了，有些士兵見此情景，心生膽怯，悄悄的向後移動，眼看潰敗就要成為事實……

就在這危急時刻，美軍一個副師長科塔准將大喊道：「在這塊海灘上，待著不動的只有兩種人，一種是死人，一種是等死的人。讓我們衝出這個鬼地方吧！」他衝鋒在士兵前面。由於他的絕不放棄的精神鼓舞了士氣，士兵們終於鼓起最後的勇氣，勇猛衝鋒，終於把德軍打退。

在戰鬥的最關鍵時刻，科塔准將的永不放棄、絕不後退的精神決定了戰鬥的最後勝利，可見，在面對困難的情況下，尋找到根本的解決之道才是最重要的！

困難可以將一個人擊垮，也可以使一個人重新振作，這取決於你如何去看待和處理困難。人世中不幸的事如同一把刀，它可以為你所用，也可以把你割傷，關鍵要看你握住的是刀刃還是刀柄。

在討論處理困難之前，首先應該明白，人生中能夠遇到困難，有很多是值得你高興的事情。若沒有了這些，人生就不成為人生。雖然困境有令人難以接受的一面，但它是人生成長及把握方向不可缺少的磨練。事實上，困境正是人生的標記之一，難題越多，越可以顯示它是人生的一部分。

在處理難題時，首先你必須要冷靜，盡量沉著應對，如果你的內心無法保持冷靜，就無法有效處理它。通常人們遇到難題時總是急躁不安，總是想著這些問題必須立刻解決，必須採取某些行動。然而當你心慌意亂時，想要找出理性的答案是不太可能的。只有你平靜下來，才能真正的面對難題，這才是理性的思考。

處理困境的訣竅是：不放棄、不後退。只要你能明智的面對難題，最後你會發現，任何困難都會迎刃而解。

獲得勝利的另一個因素是信心，「相信你能做到，而且你一定能做到」。信心是解決問題的最有效的利器，當你相信難題可以克服時，你已經離勝利不遠了。因為最重要的人生法則之一是，人可以達成他們認為可以完成的任何事。

通常人們被困難擊敗的主要原因之一就是，人們自認為可以被打敗。克服困難的最大訣竅就是要學會相信人們可以擊敗困難，為了做到這一點，你的心理及精神就要不斷的成長。

換句話說，你必須比所遇到的困難更高更壯。積極心態偉大的功效之一是，它教導人們停止與自己對抗。事實上，很多人必須練習如何打敗自己。因為他們堅信自己無法處理自己的困境，他們已經被自己的心靈擊敗了。很多傑出的領導人都遵循這條人生哲學，艾森豪總統曾講述他早年把自己的母親看作是認識的人中最明智的人，她的明智來源於她的宗教信仰。她在家庭裡製造出這種神奇的力量，而她就是這種力量的中心。

艾森豪回憶說，有一天，一家人晚上玩牌，他很埋怨自己手氣不好。母親突然停下，告訴他玩牌的時候要接受自己抓來的牌，並說明生活也是這樣，上帝為每個人發牌，而你只能盡自己最大努力玩好自己的牌。

總統說他從來沒有忘記過這條教誨，並且一直遵循它。

發明家愛迪生也是奉行這個法則的偉人，他同時是一個堅毅、積極的思考者。他的兒子查理斯‧愛迪生在任紐澤西州的州長時，曾講述有關他父親的一段精彩的故事。

一九一四年十二月九日的晚上，西橋城規模龐大的愛迪生工廠突遭大火，工廠幾乎全毀了。那一晚，老愛迪生損失了兩百萬美元，他許多精心的研究也付之一炬。更令人心痛的是，他的工廠保險投資很少，每一塊錢只保了一角錢，因為那些廠房是鋼筋水泥所造，當時人們認為那是可以防火的。查理斯‧愛迪生當時二十四歲，他的父親已經六十七歲。當小愛迪生緊張的跑來跑去找他的父親時。他發現父親站在火場附近，滿面通紅，滿頭白髮在寒風中飄揚。查理斯說：「我的心情很悲痛，他已經不再年輕，所有的心血卻毀於一旦。」

可是他一看到我卻大叫：「查理斯，你媽呢？」我說：「我不知道。」他又在叫：「快去找找，立刻找她來，她這一生不可能再看到這種場面了。」

隔天一早，老愛迪生走過火場，看著所有的希望和夢想毀於一旦。卻說：「這場火災絕對有價值。我們所有的過錯，都隨著火災而毀滅。感謝上帝，我們可以從頭做起。」三個星期之後，也就是那場大火之後的二十一天，他製造了世界上第一部留聲機。

也許由此你應該領悟到：愛迪生能夠成為偉大的發明家，不僅僅是因為他有過人的智慧和非凡的毅力，更重要的還在於他面對失敗、困境的積極態度。他總是抓住困境的「刀柄」，讓它為自己的人生和事業服務。

雖然不是每個人都可以準確的把握住「刀柄」，但是也應該學會如何避免「刀刃」的傷害。

首先，應該學會在困境前冷靜下來，沉著思考，要以寧靜平和的心境來看待全局，然後，一步接一步，有系統的剖析它的形成原因，不利和有利兩方面的影響。

當然，最重要的，還要以積極的心態去看待失敗和困境。冷靜的接受，然後不懈的努力。只有這樣，在避免傷害的同時，才能擁有握住「刀柄」的機會，才能在利用困境這個人生途徑上邁開步伐。

想要保密，就徹底斷絕與外界的聯繫

在第二次世界大戰中的北非登陸作戰開始前，為了嚴格保守登陸作戰的秘密，盟軍制定了許多保密規定。三月，停止集結上船地區與英國其他地區間的非軍事運輸；停止軍人到英國以外的地區休假；禁止外國外交官從英國發出密碼電報。四月，英國政府禁止居民進入諾爾弗克與康沃爾半島之間的海岸；各級指揮機構提高了作戰文書的秘密等級；登陸的日期以「X日加四」的代號來表示，按照英文字母順序，第四個字母為D，D日為登陸發起日。四月十七日，英國戰時內閣決定：從即日起，外國外交代表不得收發未經檢查的通信，這類機構的信使不得離開英國，這項限制適用於除了美國和蘇聯以外的一切國家。五月下旬，所有艦員都被關在各自的艦艇上，陸軍部隊都被圍在有鐵絲網的駐地內，受到兩千名反情報人員嚴密監視。五月二十五日，參加「海王星」行動人員的信件全部被扣留……

上述保密措施極為成功，登陸前，美國海道測量局駐英分局給所有艦隻發放了大約二十八萬張海圖和六・五萬份文件，英國海軍部發出的更多。在這種情況下，沒有因粗心而造成洩密的。以後獲取的德軍大量情報也顯示，登陸時間這些極重要的秘密並未落到德軍手中。

想要不洩密，其實是很難的，因為盟軍情報機關面對的是上百萬大軍，盟軍的情報人員卻遠遠不夠，就想出了上述絕招：禁止和外面通信。徹底切除與外界的聯繫，你就無法洩密，這也是一種極致的簡單！事實證明，這種簡單的招數卻比任何高明的儀器檢查都管用！

極致的簡單就是絕招，只要把細節做好了，成功同樣會接踵而來。

派克是一家快遞公司的員工，其實他的工作非常簡單，就是把顧客託運的東西快速準確的遞交到顧客指定的接收人手中。因為在途中總會有意想不到的情況出現，所以公司允許每個員工的運送時間可以延遲五％，以便給員工留出處理意外情況的足夠時間。對於這一點，一般顧客都會表示理解。

然而，派克卻不允許自己使用這五％的延遲時間，因為他認為，把工作做得盡善盡美才是一個員工的職責。他送的東西往往會更快、更安全的到達顧客的手中，時間一長，許多顧客便記住派克的名字，並且在下次託運物品的時候，指定由派克運送。得到顧客的認可以後，派克對自己的要求更嚴，逐漸的，派克成為快遞公司的王牌員工。

幾年以後，派克被擢升為公司的經理。

派克只是把自己的工作做到最好，他的秘訣更簡單，那就是：比其他員工更快、更安全。沒有更多、更複雜的技術，也沒有更多的創意，但是派克得到了顧客的認可。很明顯，他就是一個把簡單做到極致的高手。

把簡單的工作做到極致也會成為一個成功者。當你發現你的工作平淡乏味時，就把你的工作做到別人挑不出毛病。做到這一點的時候，你就會發現，你享受到工作的快樂，你也會愛上你的工作，成功就是這麼簡單！

應該說「不」的時候，不要猶豫

即使是在講求服從的美軍中，也允許下級軍官提出不同的但是卻絕對實用的意見，哪怕這項意見和上級的命令背道而馳。

與之相反，二戰中美軍的最大對手德軍卻是由希特勒一人說了算，哪怕他對戰場的情況是完全無知的，也要處處維護他那元首的尊嚴。這樣做的結果就是：希特勒發出錯誤的指令，下面的人照做，然後戰爭失敗，希特勒找個代罪羔羊，繼續下一輪的惡性循環。

在諾曼第登陸中，德軍的部署主要依照他們的元首的指示做出。然而對於希特勒的部署，連前線指揮官隆美爾也感到不滿。他憂心忡忡的對一名親信說：「戰場上的情況簡直讓人無法忍受，我們的士兵什麼也沒有，沒有彈藥，沒有食品，沒有援助。統帥部總是讓我們節省彈藥，可是，節省彈藥實際上是節省敵人的鮮血！」

為了保存實力，擺脫被動的局面，隆美爾決定命令第七集團軍向北撤退。這道命令由他的參謀長斯派達爾下達給第七集團軍參謀長貝姆塞。然而，當希特勒看到這個命令的副本後，十分惱怒，在沒有通知隆美爾的情況下，希特勒當即電令第七集團軍，要求他們不准沿瑟堡半島北端後撤。

六月十七日，希特勒飛到西線。隆美爾和龍德施泰特分別向希特勒彙報西線戰役的殘酷戰況，但是希特勒對他們經過充分準備的彙報不感興趣，而是滔滔不絕的談論德國向英國發射V型飛彈所產生的威力，反覆說明V型飛彈能夠改變戰局。

然而，隆美爾和龍德施泰特期望利用這次機會說服希特勒，讓希特勒從德軍的實際情況著眼，下令部隊放棄瑟堡防線，進行撤退。

沒有想到，希特勒卻狠狠的瞪了隆美爾一眼，眼裡冒著凶光，冷冷的說：「這不是你應該關心的事。你應該守好你的前線，這些事由我來決定！」

結局可想而知。

想要使重要問題得到徹底的解決，你就要學會說「不」。

比如要是在全年最忙的幾天，有人要請假，或者別的經理想從你部門借一名員工支援一星期，你很可能會一口回絕：「不行。」

一些平常你有可能同意的要求，在某些場合下卻不得不回絕。所有人都想順人意、討人

戰場生存守則

愛，但是在工作中難免要拒絕別人的一些要求——有些要求合情合理，有些卻可能只是過分要求。

以下的例子，只能也必須採用一個簡單的方法：堅決說不。

一、員工要求休假。有兩種情況：一是你的下屬沒有按照安排休假計畫的規定辦理，二是這段時間已經安排其他員工休假了。

要是前一種情況，就應該讓下屬知道他沒有遵守制度。你應該這麼對他說：「很抱歉，我們打算在那個星期盤點存貨，一個人手也不能缺。你知道，正因為這樣我們才規定安排每年的休假計畫。」

有時候，員工的請假要求與別人預先計畫好的休假有衝突。遇到這種情況，你要讓他明白，批准的原則是「先申請先安排」，所以不能批准他的請求。不過，可以准許他與已安排休假的那個員工協商調換休假日期。

二、員工要求加薪或升職。遇到那些特別盡心盡力的員工請求加薪或升職時，要開口說「不行」實在是一件很為難的事。

特別是有時員工的職位、薪資早該調整了，但是預算緊縮，業績不佳，或其他因素使你無法對他們予以獎勵，要說「不行」更是難上加難。

這時，簡單的處理方法是如實相告，說清楚為什麼不能升職或加薪。處理這類問題時，切忌做超出你職權的承諾。即便你說你承諾的事要視將來情況而定，如等業績好轉、預算增加……員工仍可能把它看成是正式的承諾。

三、員工要求調到另一部門。如果是一個可有可無的人請求調動，就趕快批准，你還應該慶幸自己的運氣，但要是自己部門的核心員工，如果調動以後會明顯影響部門的工作，就要考慮對他說「不」，畢竟作為一個管理人員，你有這個權利。同時，還要想辦法瞭解他之所以要求調離的原因，然後對工作做出相應改進，以便讓他安心在你的部門裡「終老一生」。

說「不」很難，但是該說「不」的時候一定不要猶豫，否則後悔的只有你自己。

—第十章—

好走的路，總會有地雷

戰場上捷徑是最不可取的。《美軍守則》告誡每個美軍士兵，不要認為捷徑一定會通往勝利，正好相反，更多的時候是通往死亡，因為再愚蠢的主帥都會在這樣的路上布下地雷或重兵。

避開防守嚴密的正道

一九五〇年八月，朝鮮戰爭中，麥克阿瑟的目光逐漸轉到朝鮮半島中部的仁川港。

仁川是朝鮮中部西海岸的一個港口，距離漢城僅四十公里，是朝鮮半島東西最狹窄的部位。一旦美軍在這裡登陸並且展開部隊，就等於從北朝鮮軍隊的後方把朝鮮半島攔腰斬斷，進而使在南朝鮮土地上的北朝鮮軍隊陷入被包圍之中，北朝鮮軍隊將會兩面受敵，稍微具備一點軍事常識的人都知道後果是怎樣的。但是，美軍在仁川登陸，在理論上又恰好違反了最基本的軍事常識，因為仁川港有著由巨大的海潮落差而形成的寬達三公里的淤泥，被認為是「世界上最不宜進行登陸作戰的港口之一」。也許正是這一點，使北朝鮮忽視了仁川港的軍事價值，而給了美軍可乘之機。

在戰場上，美國贏了日本，而在現代的商場上，恰好出現戲劇性的結果：日本贏了美國。憑的就是美軍最常用的一招：靈活主動，避實擊虛。

近幾十年來，日本在商業發展的過程中，進軍國際市場主要就是採用這一招，即採取迅速行動，趁著對方管不及、想不到而出現的空隙，進攻對方實力空虛的地方。具體表現在：

包抄

戰後初期，商業戰爭大都在歐美國家展開，產品品質不高且尚無法進入歐美市場的日本產品就佔領了歐美各大跨國公司還未顧及的其他區域，因而獲得了龐大的競爭空間。

日本首先進攻亞、非、拉丁美洲各國市場，而選擇的進攻點，一般都只有少數競爭對手，或是競爭對手實力較差，處境不好的地方。例如電腦業，日本人先攻佔亞洲的鄰近國家，然後是澳洲，最後才是歐洲和美國。日本汽車公司和摩托車公司也是首先打入亞洲市場，然後再向外擴張。

水銀瀉地——見空即鑽

日本人進行商業戰爭是全球性的，無所不在，哪裡有洞就鑽進去，哪裡有空隙就填補，就連鮮為人知的太平洋群島也沒有放棄。帛琉共和國、北馬里亞納聯邦等國，過去都曾經是英國、法國、美國等國的殖民地，近十幾年才獲得獨立。老殖民者撤離後，日本人迅速填補留下的空隙，在這些地區積極的展開了工作。

現在太平洋島嶼的任何一方都有豐田汽車停在椰樹底下，即使是最小的漁船也用了山葉的馬達推動。島嶼村子的小雜貨鋪裡，銷售著日本麵條和啤酒，甚至鹽和白糖也是日本來的。

攻其不備

萬物都有弱點，凡事如果找到其弱點必有機可趁。二十世紀六〇年代後，歐美各大公司佔據所有主要市場，但是在細分市場上仍有被忽視或還滿足不了顧客需要之處，於是這時日本進入了美國市場。

當時，歐美各大公司自恃自己的產品是名牌貨，覺得無須改進，也不怕無人購買。他們產品的一個特點就是產品在設計方面側重於華貴、大型，而且價格昂貴。於是日本便針對他們的這些特點設計出與之相反的產品，以小而輕、質優而價廉的產品推進歐美市場，許多美國企業家對此做法卻不屑一顧。比如，他們把索尼的第一台小型電視機貶為「玩物」，把本田的摩托車視為玩具。但是這一切是為消費者服務的，只要消費者認可，就絕對是好的。結果經過一段時間，這些產品得到美國顧客的讚賞，這個戰術獲得極大的成功。

在日本國內，同樣有公司成功運用這個策略，這就是日本的索尼公司。

戰場生存守則

日本的索尼公司，在電器業的發展中，成功的運用這個謀略。索尼公司不斷的實驗開發新產品，卻都無法長期獨佔市場，主要是因為當研究開發新產品後，一旦三菱、松下這些大廠商也加入生產行列，索尼這個小企業的產品無論如何優良，都不能長期獨佔市場，而會被大企業併吞。

處在大廠商的重重包圍與壓力下，索尼公司不斷的謀求生存之道，最後終於形成一套「間隙理論」。該理論認為，在這些強大的廠商之中，必然存在一些空隙，亦即仍有一小部分的市場尚未被佔領，只要看準這些空隙，立即佔領，必定可以打破這些大廠商的壟斷，佔有一部分市場。

索尼公司運用這種「間隙理論」向國外發展，在世界各地成立註冊商標為「SONY」的銷售據點，組成一個銷售網。到了一九六一年，全球登記銷售「SONY」商品的國家高達一百多個。索尼公司就用這個方法避實擊虛，穩住了自己的市場，成為世界一流的電器公司。

索尼公司的成功說明了一點：力量弱小時就要避開與他人硬碰硬的領域，轉而尋找市場的空隙，才可以出奇制勝，這個方法在任何時代都是通行無阻的。

非常手段的非常效果

資訊就是財富。資訊抓得越快越準，成功的機會就越多。在生活中誰能對得到的資訊反應得最敏捷，並迅速採取行動，誰就可能成為贏家。收集資訊，有時依靠常規的方法是行不通的。這時，就要多動腦筋，採取些靈活、新穎的手段。

在第二次世界大戰中反攻菲律賓的戰役中，麥克阿瑟為了切斷日軍對馬尼拉的海上補給線和退路，決定以空降突擊奪取馬尼拉灣出海口的哥黎希律島。該島酷似蝌蚪，島上地形非常崎曲，「蝌蚪」頭部是海拔一百五十公尺的方形高地，東面山腰是無法通行的懸崖峭壁，再往東是一條狹長的沙灘，成為「蝌蚪」的尾巴。日軍主要的防禦設施都集中在方形高地上，島上守軍約六千人，由板垣大佐指揮。日軍曾通報美軍有對該島進行空降突擊的企圖，但板垣認為島上地勢崎嶇，沒有可供空降的場地，所以主要進行抗擊海上登陸的準備，沒有採取必要的反空降準備。

麥克阿瑟正好看中了這片對手認為不能空降的地域。

美軍以第五〇三傘兵團和第三四步兵團三營組成攻擊哥黎希律島的部隊，代號「岩崖」部隊，由五〇三團團長瓊斯上校指揮。其中第五〇三團將在高地實施空降，給敵人造成正面強攻的假象，而三四團則繞到敵人背後，從南部海灘登陸，協同傘兵作戰。預定空降場為島上的練兵場和高爾夫球場。空降兵計畫以營為單位分三批空降，空降前，傘兵團的團、營、連長都搭乘轟炸機從空中觀察該島地形，參戰人員則利用沙盤熟悉空降地區的情況。

從一九四四年十二月至一九四五年一月，美軍對該島進行持續兩個月的轟炸，空降前的二十天裡，累計投彈達三千一百噸。

二月十六日凌晨，美軍以八艘巡洋艦、十四艘驅逐艦和七十架飛機對該島進行直接火力攻擊，將島上日軍所有高炮陣地全部摧毀，而且日軍所有通訊線路全部中斷。八時三十分，美軍運送傘兵的運輸機到達該島上空，隨即開始跳傘，至九時三十分，瓊斯上校親自率領三四團第一梯隊三營和炮兵連、工兵連著陸，迅速奪取了空降場。板垣得到報告剛走出隱蔽處進行觀察，就被美軍投擲的手榴彈炸死，島上日軍失去了指揮，這時，正面的美軍部隊也從天而降，日軍陷入腹背受敵的窘境，頓時陷於混亂。十時許，美軍空降兵佔領了高地，將日軍壓縮在從海灘到高地的狹小山谷裡。十時三十分，步兵三四團其餘的營從海灘登陸，在傘兵的火力支援下，很快推進到島的腰部。下午傘兵團第二梯隊著陸，控制了島上的公路。考慮到島上的地形和天氣情況，美軍改變了計畫，第三梯隊先空運到呂宋島，再乘船於十七日晚從海路上島。

此次作戰，雖然是在地形極其不利的地點實施的，但是由於出其不意，攻其不備，作戰一舉奏效。日軍陣亡四千五百人，被俘一千五百人，美軍陣亡一百九十七人，傷一千零二十二人，其中有一部分是跳傘時受傷的，佔總傷亡人數的二三%。

正面強攻勢必造成大量的傷亡，既然正面強攻不行，就繞到你的背後去，打擊你的弱點。事實證明，美軍的這個戰略收到了奇效。

這個戰例同樣可以成為職場中的制勝奇術，這樣的例子在職場中也不少見。

史密斯告訴自己的下屬羅伯特，要求他做出一份方案，以擊敗自己的競爭對手ＮＧ公司。經過一個星期的努力，羅伯特終於完成一份完美的投標方案。在這個方案裡，既彰顯了公司的優勢，又對ＮＧ公司業務方面的漏洞給予重擊。可是，當羅伯特把方案交給老闆史密斯時，他只是把它放在文件堆裡，說了一句：「你做得不錯」。

儘管羅伯特努力說服電力公司的人，但是結果還是和預想的一致，ＮＧ公司勝出。知道投標失敗的那個下午實在是昏暗得不得了，羅伯特真想衝進史密斯的辦公室在他臉上給他一拳。完全是因為他的愚蠢，導致自己的失敗。

這時，史密斯悄悄走到羅伯特的身後，拍了拍他的肩膀，說：「小夥子，你做得真的不錯！」說完，他對在場的所有人大聲宣布：「我們贏得了一張大合約，州交通管理局網路系統建設。」這個好消息讓同事們激動不已，他們站起來鼓掌。史密斯把羅伯特從座位上拉了起來：「他是我們最好的戰士，是他在網路改造的談判上拖住了ＮＧ公司，並且他所做出的關於我們的優勢分析和ＮＧ的劣勢分析，幫了我們的大忙！把所有掌聲都給他吧，我們做得真不錯！」

在這個例子裡，史密斯顯然是一個「老謀深算」的贏家。他知道如果擺明和ＮＧ公司競爭州交通管理局網路系統是爭不過的，於是他就派出一個人在關於網路改造的談判上拖住對手，然後自己迂迴到ＮＧ公司的身後，趁ＮＧ公司應接不暇的時候，一舉拿下了這個大合約。

在強大的對手面前，一味攻擊正面，結果可想而知；你完全可以繞到他的後面，尋找他的真正弱點，然後一擊制敵，這才是真正聰明人的做法。

不只是前進才能得到勝利

諾曼第登陸戰中，盟軍的空降部隊擔負著攻擊敵人後方的重任，以掩護己方的正面登陸作戰。然而由於天公不作美，許多空降部隊都沒有降落在預定地點，其中一支部隊——英軍空降第六師的傘兵，在大風的影響下，有許多落到了空投區的東面，降落以後，指揮官發現，他們降落的區域不適合作戰，地形極其惡劣，尤其是向海灘方向幾乎沒有路，如果在這裡等待就是等死，於是馬上決定，向內陸撤退而不是向海灘方向前進，以牽制在法國內陸的德軍，以防其向海灘增援。

各傘兵旅在後退過程中所發動的空降突擊，取得了出奇制勝的效果。

他們奪佔了奧德河和運河橋樑附近的朗維爾村，為載有反坦克炮的滑翔機開闢了著陸區，奪佔並炸毀了所有的橋樑，進而控制朗維爾附近海岸的炮台。

就這樣，空降作戰雖然沒有立即實現控制登陸地後面地區的企圖，但是在內陸佔領了大約七英里的地區，吸引了德軍第一批反擊兵力，並使這個地區成為諾曼第五個主要登陸地區中最易攻克的地方。

由於德軍對這種突如其來的打擊措手不及，絕大多數盟軍空降兵沒有遭到猛烈的攻擊。同時，法國地下抵抗組織也紛紛配合盟軍的行動，把諾曼第一帶所有的電話線剪斷，使得駐守德軍孤立無援，無法聚集他們的裝甲部隊迅速進行抵抗。

同時，盟軍的空降部隊源源不斷的降落，等到形成優勢兵力以後，空降部隊又集中兵力，繞道向諾曼第海灘發起攻擊。於是，德軍不得不接受腹背受敵的尷尬局面。

由於盟軍空降部隊指揮官的當機立斷，使得空降後以退為進，一方面牽制內陸的德軍；在積蓄足夠的力量後，對德軍發動致命一擊，為最終的勝利奠定堅實的基礎。

其實，退只是一種表面形式。

人生也和戰場一樣，光憑勇猛是不行的，就像拳擊，後退兩步出拳更有力一樣，也像田徑中的跳高助跑一樣，假如你想做某件事情先發制人，得寸進尺不失為一種策略，但是這樣很容易招致對方的抵觸情緒，影響做事的直接效果。因此，有經驗的人往往採取以退為進的策略。在正面衝鋒明顯不利的情況下，你可以略為退讓，給對方一種錯覺，讓對方不以你為主要對手。由於在形式上採取了退讓，使對方可以從退讓中得到心理滿足。因此，不但思想上會放鬆戒備，而且作為回報，或說或做，他也會滿足你的某些要求，而這些要求正是你的真實目的。同時，採用以退為進也可以給你留出讓步的餘地，以便在和對方的討價還價中有所退卻，滿足對方的要求。

但是，在實施這個策略的過程中，也要注意不要讓步太快。因為輕而易舉的獲得你的讓步，不但不一定會使對方在心理上獲得滿足，反而會懷疑你的讓步有詐。慢慢的讓步不但使對方在心理上得到滿足，而且還會更加珍惜它。

一八九八年，美西戰爭爆發，與此同時，華爾街的龍頭老大摩根也與有鋼鐵大王之稱的卡內基展開了一場龍爭虎鬥。

由於美西戰爭的緣故，使得匹茲堡的鋼鐵需求量高漲，而美西戰爭最後以美國的勝利而告終，使得美國在國際上聲名大振。在這樣的背景下，摩根向卡內基發動鋼鐵大戰的意義就更加重大了。摩根看到了鋼鐵工業前途無量，他早就把目光盯在鋼鐵生意上，並且把安插高級管理人員作為融資條件，實際控制了伊利鋼鐵公司和明尼蘇達鋼鐵公司的實權。

但是這兩家鋼鐵公司與卡內基的鋼鐵公司相比，只能算是中小企業而已。由於美西之戰導致鋼鐵價格猛烈上漲，摩根對鋼鐵的興趣更加濃厚，便決定向卡內基發動進攻。野心勃勃的摩根，一心想要主宰全美的鋼鐵公司，所以他一出手就拿卡內基開刀。摩根首先滿足了一個融資商的要求，合併了美國中西部的一些中小型鋼鐵公司，成立了聯邦鋼鐵公司，同時拉攏了國家鋼管公司和美國鋼網公司。接著，摩根又操縱聯邦鋼鐵公司的關係企業和自己所屬的全部鐵路，同時取消對卡內基的訂貨。

摩根原本以為卡內基會立刻做出反應。但事實恰與摩根預料的相反，卡內基出奇的平靜，竟然毫無動作。玩股票起家的卡內基，他比任何人都明白一點，冷靜是最好的對策，特別是在這樣的關鍵時刻，自己面臨的對手是能夠在美國呼風喚雨的金融巨頭，如果此時匆忙上陣，倒楣的肯定是自己。

摩根很快意識到在這件事上栽了跟斗，他馬上採取第二個步驟，他揚言：「美國鋼鐵業必須合併，是否合併貝斯拉赫姆（美國的另一家大型鋼鐵公司），我還在考慮之中，但合併卡內基公司，是早晚的事。」摩根向卡內基發出這樣的挑戰，他還威脅：「如果卡內基拒絕，我將找貝斯拉赫姆。」

別人挑戰不可怕，但是如果摩根真的與貝斯拉赫姆聯手，卡內基的處境就不妙了，在分析局勢之後，卡內基終於做出決定：「這種合併真的有趣，參加一下也沒什麼不好。至於條件，我只要合併後新公司的公司債，不要股票。至於新公司的公司債方面，對卡內基鋼鐵資產的市價以一美元比一．五美元計算。」

一美元比一．五美元，這對摩根來說，條件太苛刻了。但是摩根經過考慮，最後還是答應卡內基的要求。沒人知道摩根是怎麼考慮的，可能是他此時已經騎虎難下，更可能的是，摩根考慮的是壟斷後自己將得到誘人的高額利潤。談判達成協議，卡內基的鋼鐵歸到摩根的名下。按照合約，卡內基鋼鐵公司的市價由合併後新組建的聯邦鋼鐵公司還清。

卡內基看準了摩根的心理，同時也抓住了摩根的弱點。摩根不是迫不及待的要合併嗎？可以，合併就合併，但是我還是要牽著你的鼻子走。這樣，以一美元比一．五美元的比率兌換了卡內基鋼鐵公司資產的市價之後，卡內基的資產一下子從當時的二億多美元上升到四億美元，幾乎成長了一倍。

卡內基很有自知之明，他清楚自己的分量究竟有多重。他深知自己的鋼鐵業在美國所佔的市場，這些市場如果失去自己的支援，勢必會有相當一部分企業因此而受到損失。到那時，卡內基不愁自己的鋼鐵出路，你不要，自然會有別人要。

卡內基的立場看似非常軟弱。摩根採取第一步行動時，卡內基無動於衷；摩根採取第二步行動時，卡內基未做任何抵抗就投降了。但是，卡內基看似讓步，實際上卻取得一次成長，也可以這樣說，卡內基退了一步，實際上前進了兩步。在與摩根的爭鬥中，佔得明顯的上風。

「旁敲側擊法」在實際中的應用

《美軍守則》中有一條：好走的路總會有地雷。這條法則告訴你，有時候，正面的路走不通，可以從側面著手，反而能順利到達你的目的地。

在第二次世界大戰中的瓜達爾卡納爾島海戰中，美軍和日軍的艦隊爭奪激烈。

在一次兩者的小型艦隊遭遇時，很快就進入高潮。由於日艦首先發現，所以早就排好了戰鬥隊形，成兩行縱隊，以夾擊美艦。戰鬥中美艦炮口的閃光就成為日艦的最佳瞄準點，日艦對美軍的巡洋艦立即實施魚雷攻擊。美軍旗艦「明尼阿波利斯」號朝著日軍的埋伏圈直衝了進去。立即被兩枚魚雷命中，艦首被炸毀，船艙大量進水，航速銳減。跟在「明尼阿波利斯」號後面的「紐奧良」號為了避開失去控制的旗艦，急速右轉，左舷正撞上一枚魚雷，爆炸隨即波及到彈藥艙，引發了劇烈爆炸，幾乎失去戰鬥力。

第三艘巡洋艦「彭薩科拉」號為了避開前面的受損友艦，向左急轉，夾在日艦和受傷起火的兩艘美艦中間，在火光的映照下，格外醒目，馬上成為日艦的攻擊目標，被一枚魚雷命中，機艙進水，主炮失去動力無法開火，全艦多處起火。第四艘巡洋艦「檀香山」號吸取了「彭薩科拉」號的教訓，向右急轉，從兩艘起火的友艦右側通過，進而幸運的從日軍的側面通過，沒有暴露，它一面用主炮射擊，一面向薩沃島方向撤退，幸運的是，在它撤退的過程中，仍然擊沉了一艘較小的日軍驅逐艦。第五艘巡洋艦「諾思安普頓」號也隨著「檀香山」號從受傷友艦的右面通過，因為這個位置相對隱蔽，這艘軍艦也擊沉了一艘日軍的驅逐艦。但是到了二十一時四十八分，被日艦「親潮」號發射的兩枚魚雷擊中，機艙進水，艦體傾斜，艦尾燃起熊熊大火，於次日凌晨沉沒。美軍後衛的兩艘驅逐艦遭到己方巡洋艦的誤擊，便迅速撤出戰鬥。

美軍的指揮官賴特因為旗艦受損，就指定在「檀香山」號上的蒂斯代爾少將代理指揮，但蒂斯代爾沒有集合各艦，只是率領「檀香山」號繞著薩沃島搜索日艦，未再發現敵艦，就命令驅逐艦打撈落水人員，率領其餘軍艦撤離戰場。

在這次戰鬥中，美軍艦隊中的前兩艘軍艦一味猛衝猛打，結果一頭闖入了陷阱。後面的「檀香山」號和「諾思安普頓」號就十分聰明，其艦長發現正面不行，於是就果斷命令從側面迂迴，進而保全了自己的軍艦免遭滅頂之災，同時還「旁敲側擊」了兩艘日本軍艦。

旁敲側擊法在職場上有更多的應用。比如與人交往，既要善於聽弦外之音，又要學會傳達言外之意，這是最奧妙的人際關係操縱術。老於世故之人都擅長一語雙關，就可以讓你心裡明白；「高明」的小人擅長於含沙射影、指桑罵槐，用話中之刺讓你如坐針氈。且不管說話之人是否故意暗藏玄機，聽話之人都必須瞭解他的真實意圖，才可以應對自如。如果頭腦不清，耳朵不靈，就會碰釘子。

話裡有話、旁敲側擊，是聰明人擅長的「遊戲」，必須頭腦靈光敏捷，否則煞風景自不必說，落下笑柄是常有的事。話裡有話、旁敲側擊實質上是一種迂迴戰略，同時也有隱含之術，這比迂迴更主動、更微妙，屬於「妙接飛鏢又暗中回擲」的出神入化的人際交往策略，也是機智聰明者才可以自由駕馭的通玄功夫。

一件微不足道的小事或許可以改變你的一生，有許多小人物也會幫上你的大忙。充滿友善的舉止行為，將獲得不可預想的喜悅。

突襲是戰爭中的有效手段

一九四三年二月開始的一次登陸作戰中，美軍的進展不順利，被三八二高地上駐守的日軍給擋住了。面對被稱為「絞肉機」的三八二高地，美軍意識到必須逐一消滅側翼的日軍陣地，解除側翼威脅，才有可能向前推進，所以接下來的戰鬥異常殘酷、激烈。

三月二日，陸戰第二四團攻上了高地，傷亡極其慘重，有好幾個連的官兵非死即傷，幾乎全連覆沒。

左翼的陸戰第五師，在攻擊三八二高地剛攻上山頭時，側翼日軍立即以密集火力封鎖美軍的退路，再以縱深火力和凶猛的反擊將攻上高地的美軍盡數消滅，美軍損失巨大，卻毫無收穫，只得先消滅最突出的日軍陣地，再步步為營艱難的向前推進。

幾天的戰鬥，美軍的攻擊程序，總是先在空中以火力攻擊，再是艦炮火力轟擊，接著是地面炮火射擊，最後才是步兵衝擊，日軍早已掌握了這個程序，所以總在坑道裡躲過美軍的炮火，再進入陣地迎擊步兵的進攻，一次又一次粉碎了美軍的攻勢。

美軍面對一次又一次的失利，終於痛定思痛，改變戰術。三月七日拂曉，美軍沒進行任何炮火攻擊，藉助黎明前的黑夜，悄然接近日軍陣地，突然發起衝擊，打得日軍措手不及，一舉攻佔了三八二高地。

在此戰例中，美軍打破以往的作戰方式，實施突襲，收到了出其不意的奇效。

這個原則在商場上的名稱叫「善爆冷門」。

在商業競爭中，企業家面臨各種的風險，敢於冒險並且敢冒常人不敢冒之險，就成為企業家必不可少的精神。

眾所周知，市場的各種需求是伴隨著人類社會的發展而陸續萌生的。任何一種市場需求的萌生，都是一個待爆的冷門。市場需求不斷向縱深發展，冷門隨之湧現，永無窮盡。因此，爆冷術是一種富有活力的競爭術。一般情況下，企業經營者從這幾方面爆冷門：

無中生有

在市場上未出現的產品，但潛藏著一種需求，這樣就可以研發出一種新的產品，必定可以一枝獨秀佔領市場。如美國科學家貝爾發明了電話，而公共電話卻有細菌感染、疾病傳播的弊端，這無意中給人留了一個待爆的冷門。果然有企業生產一種電話筒長效清香殺菌液，贏得賺錢的冷門。

人有我好

隨著商品經濟的發展，市場上商品琳琅滿目，類別繁多。對於經營者來說，要開發出冷門的產品確實較為艱難。但是，什麼事物都不會一成不變。同一類產品，只要做出一點與眾不同的並能滿足市場需求的改變，做到人有我好，就可成為爆冷門的產品。如手錶，長期以來市場供應的是機械錶，在二十世紀七〇年代日本率先推出不用上發條的石英錶，大爆冷門，一舉擠佔了瑞士手錶的大片市場。

於微見著

日常生活中有許多小事，但是能抓住一件小事做文章，亦可爆出大冷門。如嬰兒用的沐浴乳，千百年來沒有專門的沐浴乳為嬰兒使用，但是美國強生公司根據家庭一般使用成人沐浴乳為嬰兒洗浴的弊端，研製出一種專為嬰兒使用的沐浴乳，由於它完全符合嬰兒的皮膚特點，因此廣受媽媽們的歡迎。從此，也打開了一個全新的市場，嬰兒沐浴乳的年營業額達數億美元之多，該公司因此發了大財。

無處不有

爆冷門的機會幾乎無處不有，只要留心觀察，處處都可找到待爆的冷門。如日本人發現當今空氣污染嚴重，於是生產出一種罐裝的淨化空氣，年銷售幾億美元；垃圾曾經一直成為都市的負擔和公害，美國一家保潔公司把它變成建築材料，獲得了不用成本的原料；飲料公司和高爾夫球場經常因為天氣變幻影響經營，一種天氣預報服務應運而生……

類似的方法很多，但歸根究底還是一條：善爆冷門。只要掌握這一條，在生意場上自然無往不利，大發其財。

一第十一章一

你和敵人都在對方射程內

切記：當你看到敵人的同時，先不要自鳴得意，因為敵人同樣也看到你。這是《美軍守則》中告誡士兵的又一條重要的保命原則。兩方對峙，互有所恃，也互有所懼，這個時候，就要看誰的反應更快。

戰場上，搶先就是搶命

在第二次世界大戰中的西西里島登陸作戰行動中，盟軍充分展現了「戰場上搶先就是搶命」這條法則的重要性。

當美軍登陸成功後，巴頓和第二軍軍長布萊德雷料到德軍裝甲部隊肯定會猛衝過來，於是拼命往海灘上運反坦克炮。可是，大部分反坦克炮和坦克被炸毀，最前方的第二六團只有幾門炮和二輛坦克，師屬炮兵還在海上，一個坦克連因海灘上地雷太多，不能上岸。

巴頓和布萊德雷心急如焚，清晨六時三十分，又得到報告：德國六十多輛中型坦克已突破了一個營的防線，正兵分兩路，接近環島公路。巴頓馬上下令不管使用什麼手段，都得擋住德軍坦克。於是，最新式的反坦克火箭、反坦克炮、反坦克手榴彈等幾乎所有的武器都投入了戰鬥，炮彈滿天齊飛，無奈德國坦克太多，不一會兒右前方又出現四十多輛坦克。

兩路德國裝甲部隊勢不可擋，衝過美軍兩道防線，爬上了環島公路。美國步兵和傘兵奮力抵抗，仍然支撐不住，忽又見德軍中出現更令人膽寒的大傢伙：「虎」式重型坦克，這意味著島上德軍精銳部隊「戈林」師加入了反擊的行列。美軍集中火力猛打「虎」式坦克，第五〇五傘兵團團長加文更是膽大包天，在距坦克三公尺的地方用反坦克火箭射擊，但是毫無成效。美國兵無助的看著天空，盼望飛機能來救助，可是連一架飛機的影子也看不到。巴頓爬上傑拉市內的一座三層樓觀察戰況，這一看，嚇了一大跳，一群德國坦克和幾輛「虎」式坦克已經越過公路，距離灘頭已經不到九百公尺，前方的幾個團長都在報告遭到坦克攻擊。

巴頓手足無措，不知如何是好，忽然看見身邊有一位年輕的海軍少尉，巴頓眼前一亮，彷彿想起了什麼，衝著這位海軍少尉喊：「喂，你帶著對講機嗎？」

「有什麼吩咐嗎，長官？」海軍少尉問道。

「看在上帝的份上，快與你們的海軍聯絡，請他們打掉那幾輛過了公路的坦克，並向公路開炮，擋住他們！」

「是，長官！」這名年輕的上尉正是海軍派給巴頓的「海軍岸上火力控制組」的軍官。停在傑拉灣的兩艘美國巡洋艦——「博西斯號」和「薩凡納號」，接到岸上的呼喚，立刻把十八門二十公分的主炮對準德軍坦克。只聽見一陣巨響，第一排炮彈像長了眼睛似的直奔德軍坦克，緊接著又是第二、第三排……德軍坦克在頃刻之間被彈雨淹沒了，沒有任何坦克能經得住直徑二十公分、重達一百公斤的炮彈的轟擊，坦克被炸得東倒西歪。美國兵也被震得暈頭轉向，目瞪口呆，一時不知炮彈從何處來，待明白過來時，又是叫喊，又是破口大罵：這實在太危險了，差點打著自己！在樓頂觀察的巴頓鬆了口氣，海岸終於守住了。

在這次行動中，巴頓冒的險不可謂不大，因為稍有偏差，便會打到自己人，然而巴頓明白守住這個灘頭對整個戰役的影響有多大。況且，當時的情況如果在那裡等待援兵的到來簡直是在等死，只有從上帝手裡去和德國佬搶時間，誰先搶到，誰才是贏家。

戰場上如此，商業競爭中同樣如此。現代社會變化的速度，是歷史上任何一個時代都無法比擬的。生活於這樣一個變化多端的社會，需要人們具有最靈活、最敏捷的應變能力，審時度勢，縱觀全局，於千頭萬緒之中找出關鍵所在，權衡利弊，及時做出可行、有效的決斷。從某種意義上可以這樣說，在現代社會中，這種素質已經成為一種新的生存能力。誰能最及時的正確洞察社會變化，並且可以最迅速的做出反應，誰就將走在前頭。頭腦封閉、反應遲緩、因循守舊、故步自封的人，只會一再的坐失良機。

這一點表現在商業競爭中，那就是：時間就是效率，時間就是生命，而最具有現代產品性質的電腦軟體更是一種時間性極強的產品，一旦落後於人，就會面臨失敗的危險。世界首富比爾・蓋茲深深的瞭解這一點，在公司的若干重大危機關頭，他總是搶在別人前面，斷然出擊，因而獲得了成功。一九八二年，新成立的蓮花公司推出了一套「蓮花1-2-3」軟體，它將為那些不能使用試算表的客戶提供幫助。面對這個嚴峻形勢，一九八三年九月，比爾・蓋茲秘密的安排了一次小型會議，把微軟最高決策人物和軟體專家關在西雅圖的匯獅賓館，開了整整三天的會議。比爾・蓋茲宣布會議的宗旨只有一個，就是盡快推出世界上最高速的試算表軟體。

當時，青年學者克郎德自動請纓，要主持這套軟體的設計。從不論資排輩的微軟，將機會給了克郎德。由此，克郎德脫穎而出。他們在會議上透徹的分析和比較了「蓮花1-2-3」和「多元計畫」的優劣，議定了新的試算表軟體的規格和應具備的特性。比爾・蓋茲也沒有隱瞞設計這套試算表軟體的意圖，從最後確定的名字「超越」中，誰都能夠嗅出挑戰者的氣息。

對於微軟公司來說，他們要實現比爾・蓋茲所號召的超越，首先意味著要超越自我。但是，事實很快就發展得出乎人們意料。

一九八四年元旦，電腦史上一個影響深遠的個人電腦誕生了：蘋果公司推出了以獨有的圖形「視窗」為介面的個人電腦，賈伯斯將其命名為「麥金塔」。「麥金塔」以其更好的介面走向市場，向IBM個人電腦挑戰。一九八四年元旦，正當克郎德和程式設計師們揮汗如雨、忘我工作，使「超越」試算表軟體已見雛形之時，比爾・蓋茲正式通知克郎德放棄IBM個人電腦「超越」軟體的開發，轉向為蘋果公司「麥金塔」開發同樣的軟體。克郎德急忙的闖進比爾・蓋茲的辦公室，「比爾，你簡直把我搞糊塗了！我日以繼夜的工作，為的是什麼？『蓮花』是在IBM個人電腦上打敗我們的！微軟只能在這裡奪回失去的一切！」

比爾・蓋茲耐心的解釋事情的緣由：「麥金塔是目前最好的個人電腦，它代表電腦的未來，而且具有512K記憶體，能夠充分發揮我們『超越』的功能，這是IBM個人電腦不能比擬的。我們想，先在麥金塔上取得經驗，正是為了今後……」克郎德惱火的打斷比爾・蓋茲的解釋，嚷道：「我不接受！」一氣之下，年輕氣盛的克郎德向比爾・蓋茲遞交了辭職書。無論比爾・蓋茲怎麼挽留，他也不為所動。

不過設計師的職業道德驅使著克郎德盡心盡力的做完善後工作，他把已寫好的部分程式向麥金塔電腦移植，製作了幾卷如何操作「超越」的錄影帶。九個月後，克郎德頭也不回走出了微軟的大門。

克郎德離開微軟後，在西雅圖謀職未果，準備前往加州碰運氣。在火車上，小偷趁他睡覺的時候，將其全部財物洗劫一空。克郎德身無分文，只得沮喪的返回出發地。當可憐的克郎德出現在微軟大門時，比爾・蓋茲鬆了一口氣：「上帝，你總算回來了！」此後，克郎德專心的把「超越」認真收尾完成，無意中還為它加進了一個非常實用的功能——模擬顯示。

此時的蓮花公司在「蓮花1-2-3」的基礎上趁勢推出了「交響樂」軟體，拼裝了文字處理和通訊、表、庫、圖、文，五位一體，堪稱集成軟體文字大全。最讓比爾·蓋茲擔心的是：蓮花公司也正為「麥金塔」電腦開發軟體，名為「爵士樂」。微軟決心加快「超越」的研製步伐，搶在「爵士樂」之前吹響「超越」的號角。

一九八五年五月的一天，比爾·蓋茲一行千里迢迢來到紐約中央公園附近的一家賓館，隆重舉行「超越」新聞發表會，可是頭天的彩排又出問題。在預演時，「超越」的演示程式竟不聽使喚。這可急壞了比爾·蓋茲，他下命令要求操作人員立即刪掉部分程式。

正式演示還算順利，蘋果公司的賈伯斯親臨講話以示支持。此後，蘋果公司的麥金塔電腦大量配置超越軟體，許多人把這次聯姻看成是「天作之合」。

蓮花公司的「爵士樂」比「超越」慢了五個星期，這五個星期就決定它的失敗。到一九八七年時，市場報告顯示：「超越」以八九%：六%的懸殊比例，遠遠超過了「爵士樂」。

這次成功，使比爾·蓋茲雄姿英發，信心百倍。

把機會牢牢握在手裡

一九四三年七月，在盟軍登陸北非的戰役中，巴頓與蒙哥馬利是盟軍的前線指揮。在戰役最激烈的階段，蒙哥馬利與德軍陷入僵持，誰也不能前進一步。這時，巴頓趁德軍與英軍廝殺之機，乘虛而入，沿環島公路急速西進，他要從西部為盟軍奪回主動權，這點得到盟軍駐北非總司令亞歷山大的認可。

七月十八日，巴頓電告第三步兵師師長：「我要求你五天之內進入巴勒摩。」

這個命令簡直苛刻無比。第三步兵師當時距該城有一六一公里遠，而且該師完全靠步行前往。脫離束縛的巴頓就是這樣，他把特拉斯科特的第三步兵師、李奇威的第八十二空降師和加菲的第二裝甲師組成一個臨時軍，由凱斯將軍指揮，於七月十九日向巴勒摩發起攻擊。

之後，巴頓把自己的指揮部遷至阿格里琴托，等待凱斯攻入巴勒摩的消息。

由於美軍快速行動，以至於義大利軍隊還未來得及布好防守，就被美軍打了個措手不及，守軍幾乎沒有抵抗就投降了。

第三步兵師於七月二十二日佔領巴勒摩，比巴頓預計的早了兩天。巴勒摩是巴頓戰前就力主堅持首先奪取的目標，他認為亞歷山大分給美軍的目標都是名不見經傳的小城，在西西里島地圖上都是些不起眼的地名，而巴勒摩則是西西里島的首府，其震撼作用不言而喻。

巴頓終於如願以償了，本來美軍只需保護英軍翼側，可是現在因為進攻順利而有望成為攻打下一個戰備要地——墨西拿的「主角」之一，巴頓贏了這場無形的「戰爭」。機會的存在往往是稍縱即逝的，稍一猶豫就可能錯失良機，這就需要一種勇氣、一種魄力。如果發現機會是一種機智，把握機會就是一種勇氣。

只要一有機會就要迎頭上，這樣才能為你爭取更多、更好的生存機會，這是一條非常重要的人生定律。在現代商戰中，善於發現機會並且抓住機會的能力是關係到一個企業生死存亡的重要因素。對於想有所成就的企業家來說，更需要有這種膽略和能力。

香港著名企業家李嘉誠就是以善於把握機會、當機立斷、大膽投資而出名。他在收購「地王」的過程中表現得尤為突出，長江集團由此獲得第二次騰飛，成為香港華資企業中的佼佼者。

一九七七年初，香港舊郵政局地段招標競投的消息傳出後，各地產公司和財團互相爭奪這塊估價為二億四千四百萬港元的地皮。當時被列為香港十大超級富豪之首的香港長江實業有限公司董事長李嘉誠也在權衡利弊，等待時機。

一九七九年一月十四日，香港地鐵公司正式宣布：中環郵政總局舊址公開招標競投。在競投初期，所有投標者彼此不知虛實，均小心翼翼，採取不動聲色，外弛內張的戰略，非常謹慎的行事。大家心裡都很明白，如果所提條件過於優厚，得標後毫無利益可言，也就達不到投標的目的，但如果過於考慮自己利益，優柔寡斷，徘徊不前，也會喪失良機。當港英政府有關部門發出招標邀請之後，香港地鐵公司先後收到三十多個財團和地產公司的投標申請，可見競爭之激烈。

對於這塊有「地王」之稱的地皮，李嘉誠自然不會輕易放棄。他審時度勢，當機立斷，毅然投入了競爭，經過激烈的爭奪，一舉擊敗了得標呼聲最高的香港地產界鉅子——英資企業怡和洋行所屬的香港置地有限公司。這個勝利被人們譽為「長江實業擴展中最重要的里程碑」，是「華資地產的光輝，值得開香檳慶賀」。香港《文匯報》發表評論文章說：「李嘉誠已經是香港財政經濟界一條猛龍，他在這次戰役中的勝利，使他的業務經營領域越過太平洋，向美國伸展。」

戰場生存守則

李嘉誠經營的成功經驗，就是能夠全面把握與權衡市場變化情況，結合自身條件，當機立斷，大膽投資，直至取得最後勝利。

如此接二連三的以同樣手段獲勝，不正是說明了這種手段的高明嗎？

有機會的時候，就要當機立斷

傳統的登陸作戰通常登陸兵在距岸十多公里的海域，乘登陸艇或兩棲登陸工具搶灘上陸。在一九八一年美軍對格林伍德的登陸作戰中，剛開始也考慮採用這種平面登陸的方式。但當「海豹」突擊隊員發現格島東部多山，而且位於大西洋這邊的海岸斷崖絕壁連綿，沒有理想的登陸場，少數沙灘正面狹窄不便於大規模登陸。因此梅特卡夫中將決定垂直登陸的方式，登陸兵乘坐直升機實施機降，空降部隊在一百五十餘公尺的超低空實施空降直接奪取機場；然後以機場作為登陸基地，在島上連續實施機降作戰，迅速改變戰場態勢，打擊敵人要害，取得了較好的作戰效果。「能攻者淩於九天之上」。美軍在格林伍德實施垂直登陸，兵不濕靴，靈敏快捷，昭示著登陸作戰樣式的新變化。

指揮官梅特卡夫中將面對突如其來的變化，沒有驚慌失措，而是當機立斷，採用另一種更為實用的登陸方式——用直升機實施垂直登陸，從此開創了登陸作戰的一個新紀元。生活中，

戰場生存守則

有些人經常會埋怨機會不等人，命運不公平，總覺得自己遇不到機會，每每看到別人成功，總是歸結為「僥倖」。實際上，機會對每個人都是公平的。

天上不會掉下餡餅，機會也不可能像界碑一樣，就在前面等你到來。機會具有隱蔽性，它是偽裝著的；機會具有潛在性，它等待著開發；機會具有選擇性，它只垂青那些肯追求，有眼力，能抓住的人。

你是被動的、消極的等待機會，還是主動的去追求？等待機會不像是等公車，時間到了車就來，機會要看你的等待狀況如何。是不是碰上了機會，能不能抓住機會，會不會錯失了機會，是不是再也沒有機會，這些都無法預測。實際在於你是否充分的準備著、刻意的追求著。

有些人機會就特別的多，從他們的經歷中我們不難總結出，他們有自己的一套接近機會、創造機會的方法，不妨我們也試一試。

有機會的時候，就要當機立斷

有道是：「機不可失，時不再來。」有些人，由於平時沒有養成主動接受挑戰的習慣，當機會忽然來臨時，反而心生躊躇，不知該不該抓住。於是，在前思後想之際，機會擦肩而過，悔之晚矣。因此，在平時就應培養主動接受挑戰的精神。在機會面前，一定要當仁不讓。

只有表現出自己的能力，別人才會幫你抓住機會

什麼是機會？有一種說法是，機會就是替自己的才華安裝聚光燈。這說明，要抓住機會，僅僅有才能還不夠，還要把才華展示出來，讓身邊的人尤其是主管知道。這樣，機會到來時，有時可能你自己沒捉住這個機會，可是主管卻因為覺得你有才華，而幫你捉住了這個機會，讓你有意外之喜。

敢於冒險

俗話說：「不入虎穴，焉得虎子？」要抓住機會，還得有點冒險精神。因為機會與風險俱在。想要抓住機會而又不敢冒一點風險，就會喪失許多可能導致人生重大轉折的機會，平淡過一生。因此，在精力旺盛的年齡，最適合扮演一下牛仔角色，把人生活成一部傳奇。敢於冒風險的人不一定會成功，但是成功者之中，很多是因為他們敢於冒風險。

朋友多，機會也多

善於掌握時機，還要多為自己創造機會。那些走運的人不僅會抓住時機，同時還廣交善緣，積極為自己創造機會，主動結交朋友，多和陌生人交談，參加各種集會，喜歡與人來往，

把自己作為一個「資訊交換中心」。這樣，你的社交圈子越大，你發現某種成功機會的可能性就會越多。

戰場生存守則

機會是無聲無形的東西，它唯一的表現形式也許就是帶來的喜悅和沉甸甸的收穫。

然而，如何才能真正的捕捉機會？答案是捕捉機會要「穩、準、狠」，穩的意思是說，面對機會，要看得穩，經過自己縝密的分析，判斷其可行性與可能性；準是指捕捉機會要牢，落實要確切；狠是指機會得來不易，有可能是幾年甚至一生才會有一次，所以你必須加倍珍惜，充分利用，要榨乾機會的每一點剩餘價值，使其徹底為己所用。

這一切都是為了全力以赴，合理配置，藉機會之力創造最大效益，謀求最大成功。

還是培根說得好：「最好把一切大事的起始交給百眼的阿加斯，而把終結交給百手的布瑞阿瑞歐斯。」讓百眼巨人阿加斯擔任注視機會開始的職務，以便敏銳的識別機會，積極的尋找機會；讓百手巨人布瑞阿瑞歐斯用一百隻手去抓住機會，以便能準確的捕捉機會，迅速的得到機會。

反應快，才能出手快

一九四二年十月十一日上午十一時，美軍偵察機在瓜達爾卡納爾島西北兩百一十海里處發現了日軍艦隊，美軍少將史考特接到報告後，決定立即北上，迎擊日軍。

當晚，兩軍在薩伏島以南、瓜達爾卡納爾島西北的埃斯帕恩斯島附近海域（即鐵底灣海域）相遇。由於海面上霧氣很濃，能見度極差，日本艦隊小心翼翼的在黑暗中摸索前進。突然，後藤的旗艦「青葉」號發現左舷十五度有三個朦朧的艦影。日軍認為「夜晚是屬於日本人的」，美國軍艦不敢在夜間與日艦交戰，因此認為這三個艦影肯定是日本自己的軍艦。

然而，來者正好是美國軍艦！

美艦使用了雷達設備，提前發現了日艦的蹤影。於是，擺開隊形，開始搶佔有利陣位。

十月十一日二十三時四十分，當美艦與後藤編隊相距四千五百五十公尺時，美國「海倫娜」號首先向沒頭蒼蠅似的日艦編隊開火了。

閃光劃破夜空，排排重炮噴發出巨大的火炮，連同巨大的響聲一起把黑夜的寂靜撕得粉碎。後藤少將的旗艦「青葉」號在毫無準備的情況下被照明彈照出位置，緊接著便在美艦的集中轟炸下騰起一團火球。直到這時，後藤還以為是日艦的誤傷，於是下令各艦向後轉向，以脫離接觸。誰知命令剛一下達，一顆炸彈便在「青葉」號的瞭望台附近猛烈爆炸，碎片橫飛，後藤被碎片擊中，身負重傷。他盛怒著破口大罵，隨即便倒地而亡。這位將軍臨死還以為自己是被日艦誤擊的。由於沒有準備，艦隊中其他的日艦也沉的沉，傷的傷，很快戰鬥便結束了。

在此次戰鬥中，美軍其實只有三艘驅逐艦，相對日軍處於劣勢。然而美軍在發現了機會以後（美軍的先進雷達先發現了日艦），立即進入戰鬥狀態，搶先對日軍開火，搶得了戰鬥的主動權。反觀日軍，雖然在艦艇數目上處於優勢，但卻不會利用這個機會，在美艦開火以後，也開始攻擊，反而是下令後撤，這個命令直接導致了戰鬥的失敗。這個例子可以說是對「有機會不能利用等於沒有機會」這句話的最佳詮釋。

在競爭日趨激烈的現代社會，一個機會往往會有很多角逐者，如果在關鍵時刻不能先發制人、搶佔先機，就只能眼睜睜的看著大好機會被別人搶走利用，而自己卻無可奈何。這樣，想改換一種生活環境的機會也將隨之丟失。

佐佐木基田是日本神戶的一位大學畢業生，他畢業後在一個酒吧打工時，遇到一位中東來的遊客，二人說話很投機，於是遊客慷慨的送給他一支很有特色的奇妙打火機。

這支打火機妙就妙在：每當打火，機身便會發出亮光，並且隨之出現美麗的圖畫；火熄，畫面也就消失。佐佐木反覆擺弄、玩味，覺得十分美妙、新奇。於是他向遊客阿拉罕打聽這種打火機是哪裡生產的，阿拉罕說是在法國買的。佐佐木靈機一動，心想要是能代理銷售這種產品，一定會受到很多人尤其是年輕人歡迎，肯定能賺一大筆錢。他一面想，一面就行動了。他想辦法找到法國打火機製造商地址，寫信給他，十分懇切的要求代理這種產品。最後他花了一萬美元獲得了這種打火機的代理權。

當佐佐木「搞定」打火機代理權時，日本也有幾個商人想獲取法國打火機的代理權，結果讓名不見經傳的佐佐木捷足先登取得了。如果佐佐木沒有「搶佔先機」，他很可能競爭不過其他有代理商品經驗的商人。在推銷打火機的過程中，佐佐木不停的想想這，想想那，受這種神奇打火機的啟發，他的靈感再次被觸動，想到了成人玩具，於是下決心發展成人玩具事業。

他從探究法國打火機的訣竅入手，先掌握其竅門，再進行改造，並由打火機推及到水杯等，設計製造了能夠顯示漂亮畫面的水杯產品，大受日本人歡迎。他設計的這種水杯，盛滿一杯水時便出現一幅美麗逼真的畫面，隨著水位的不同，畫面也發生變化。人們用這種杯子品茶閒談，簡直是一種享受，於是都對這種杯子愛不釋手。

戰場生存守則

佐佐木累積資金後開辦了一個成人玩具廠，專製打火機、火柴、水杯、圓珠筆、鑰匙環、皮帶扣等帶有奇妙特色的產品。這些產品市面上不是沒有，但佐佐木總是先人一步，在某項功能或某種款式上下功夫，做到人無我有，人有我優，總之，要比別人快。他憑著才氣和靈活的頭腦，赤手空拳闖天下，終於由一個窮侍者變成腰纏百萬的富翁。

奇妙的打火機引導著佐佐木走上神奇的致富之路。

搶佔先機就是「快打慢」。但怎樣打法就要看看要打的是什麼人，環境怎樣了。由於時機不會等人，別人不會對你謙讓，所以你必須主動出擊。無論做人做事，只有搶先一步，才會在新的環境空間裡海闊天空的大顯身手，使自己的人生從此與眾不同。

等待只會殺死自己

在第二次世界大戰中的美軍對日軍的作戰中，塔拉瓦島登陸作戰是一個以慘烈著稱的登陸作戰。

在美軍登陸過程中，搶灘部隊繼續遭到日軍阻擊，傷亡重大，有些營的傷亡甚至超過了登陸的第一天。這時，各部隊也源源不斷的登上灘頭。陸戰隊火炮部隊登岸後，迅即完成射擊準備。七門七五公釐山炮，在極近距離上，用直接瞄準法接連摧毀日軍的碉堡和工事。推土機也大顯身手，把日軍設置很低的槍眼整個用沙土埋上。

利用日軍的射擊間隙，受命搶佔其中一個灘頭——代號「紅三」灘頭的大約兩百名美軍，不顧一切的往前衝鋒，一直跑過了亮得刺眼的主跑道，又向前推進了三十公尺。在一些殘破的工事裡，美軍未及站穩，日軍的火力就掃過來，把他們封鎖在跑道南端。前線指揮官蕭普看到此情形，立即放棄其他攻擊方向，集中一批坦克前來支援。

戰場生存守則

經過殘酷的戰鬥，美軍終於奪取了這個機場，並派兵守衛。此後，美軍的運輸機源源不斷的把後續部隊運送到海灘上，同時，由於這個機場的牽制，從海裡上岸的坦克也越來越多。它們蹣跚的越過彈坑、樹樁和戰場，逐一攻破日軍的據點。

在爭奪機場的關鍵之戰中，由於美軍士兵奮不顧身，在日軍的嚴密炮火封鎖下，以速度贏得了寶貴的時間，進而為盟軍的後續部隊的持續登陸創造了一個非常有利的條件，甚至可以說，正是因為奪得了這個機場，才贏得了這場戰鬥。

如果在戰爭中搶得時間就是搶得生命，在日常生活中，面對突如其來的機會，你可以把握住嗎？

比如一名年輕的醫生經過長期的學習和研究，他碰到了第一次複雜的手術。主治大夫不在，時間又非常緊迫，病人處在生死關頭。他能否經得起考驗，他能否代替主治大夫的位置和他的工作？機會和他面對面。他是否能夠去除定自己的無能和怯懦，走上幸運和榮譽的道路？這就要他自己做出回答。

在現實生活裡，許多人經常有一種心態——等待機會，做一個成功人物。

在等待的時候，看見別人取得成功，自己卻仍未起步，有人會有以下反應：

論條件，他不比我好，有什麼了不起，他只是得到一個機會罷了。如果我也有機會……

博學多才有什麼用？世界就是這樣不公平，平平庸庸的反而取得成功。

他沒有什麼了不起，只因為有一個富有的父親！

他哪裡有真才實學？靠阿諛奉承罷了！

第一種反應是對別人的成功毫不在乎，以為機會一到，人人都可以成功。

第二種反應帶著懷才不遇的意味，以為自己有才華，卻得不到別人賞識，一直沒有機會，不免自怨自艾。

第三種反應是把別人的成功歸因於他的運氣，例如生長在富豪之家，這是把運氣和機會混淆了。

第四種反應把別人爭取機會的努力，隨便貶低為「阿諛奉承」，忽視別人待人處事的才能以及其他令人賞識的優點。

上述四種反應，顯示這個人不明白成功需要什麼條件，尤其不明白機會的真正意義，也不明白要讓機會產生作用需要什麼條件。

弱者等候機會，而強者創造機會，懦弱動搖者經常用沒有機會來原諒自己。其實，生活中到處充滿著機會！學校的每一門課程、報紙的每一篇文章、每一個客人、每一次演說、每一項貿易，全都是機會。這些機會帶來教養，帶來勇敢，培養品德，製造朋友，對你的能力和榮譽的每次考驗都是寶貴的機會。

「從這條路走過去可能嗎？」拿破崙問那些被派去探測位於伯納被人們稱之為死亡之路的工程技術人員。「也許吧。」回答是不敢肯定的，「它在可能的邊緣上。」「那麼，前進！」拿破崙不理會工程人員講的困難，下了決心。

出發前，所有的士兵和裝備都經過嚴格細心的檢查。破的鞋、有洞的衣服、壞了的武器，都馬上修補或更換。一切就緒，然後部隊才前進，統帥的精神鼓舞著戰士們。

戰士皮帶銅扣的閃光，出現在阿爾卑斯山高高的陡壁上，出現在高山的雲霧中。每當軍隊遇到特殊困難的時候，雄壯的衝鋒號就會響徹群山之巔。

儘管在這危險的攀登中到處充滿了障礙，致使隊伍延長到三十公里，但是他們一點也不亂，也沒有一個人落後！四天之後，這支部隊就突然出現在義大利平原上，毫無防備的敵人一擊即潰，四散逃跑。

這件「不可能」的事情完成以後，其他人才看到，這件事其實早就可以做到。許多統帥都具有必要的設備、工具和強壯的士兵，但是他們缺少毅力和決心，而拿破崙不怕困難，在前進中精明的抓住自己的時機。

第十二章

自己才能救自己

戰場上，可以靠得住的只有自己，不要幻想靠別人，這是《美軍守則》告誡每個美軍士兵的鐵律。如果你陷入了困境，首先要做的就是自救而不是等待救援。如果那樣，往往救援未到，敵人卻先到了。所以在戰場上，靠天（空軍）、靠海（海軍）都不如靠自己。

只有自己才能救自己

第二次世界大戰中，在太平洋先進攻台灣還是先攻擊菲律賓的問題上，美軍高層出現了爭議。大部分人堅持先攻擊台灣以消滅日軍的轟炸機基地，只有麥克阿瑟一個人堅持先攻擊菲律賓。麥克阿瑟陷入了孤掌難鳴的境地，但是他沒有退縮。麥克阿瑟深知，在這種時刻，唯一可靠的就是自己的堅持和對別人的說服。

機會很快來了，總統準備在珍珠港召見麥克阿瑟，讓他談談他的計畫。麥克阿瑟心裡很清楚，參謀聯席會議一致通過了繞過菲律賓的決定，要推翻參聯會的決定，只有羅斯福才能辦得到。對麥克阿瑟來說，這可是把總統拉到和自己同一邊的天賜良機。

會議開始後，麥克阿瑟滔滔不絕的說了一個多小時，充分的展示了自己雄辯的口才，也把自己堅持的理由闡述得淋漓盡致。羅斯福總統自始至終都在靜靜的聽著，一句話也沒有說。

第一次會議沒有做出最後決定就休會了，但是麥克阿瑟已經確信總統的內心被他打動了。

第二天上午，會議繼續進行。在這次會議中，麥克阿瑟進一步闡述了收復呂宋島對取得戰爭勝利的必要性。

那天下午，麥克阿瑟與總統並排坐在一輛豪華的大型敞篷轎車裡。就在麥克阿瑟向總統告別的時候，羅斯福突然問他：「你認為海軍最終會同意你的計畫嗎？」

麥克阿瑟立刻意識到，羅斯福已經真正開始傾向他。於是他十分有把握的告訴羅斯福：「您不必擔心我和尼米茲將軍之間的分歧，據我所知，他對海軍部長金將軍的計畫並非真心擁護。總統先生，我和尼米茲將軍完全相互瞭解！」

當天夜晚，羅斯福在他的寓所舉行露天晚會，麥克阿瑟乘坐自己的「巴丹」號專機返回澳洲的布里斯班。一下飛機，他向前來迎接他的助手們說：「我們獲勝了！總統被我說服了。」

麥克阿瑟完全是憑自己一人之力，徹底扭轉整個局面，進而成就這個二戰中的美軍名將。

在戰爭中，自己的命運要由自己把握，而在現實生活中，如何把握自己的命運也要靠自己的抉擇。有這樣一個人，他靠著自信和執著，改變了自己的人生，他就是美國波音飛機公司的前總裁菲爾・強森。

菲爾・強森的父親開了一家洗衣店，他把兒子叫到店中工作，希望他將來能接管這家洗衣店。但是菲爾痛恨洗衣店的工作，所以懶懶散散的，提不起精神，只做一些不得不做的工作，其他工作一概不管。有時候，他乾脆「蹺班」。他父親十分傷心，認為養了一個沒有良心且不求上進的兒子，使他在員工面前深覺丟臉。

有一天，菲爾告訴他父親，他希望做一個機械工人——到一家機械廠工作。什麼？一切又從頭開始？這位老人十分驚訝，菲爾還是堅持自己的意見。他穿上油膩的粗布工作服，從事比洗衣店更辛苦的工作，工作的時間更長，但是他竟然快樂得在工作中吹起口哨。他選修工程學課程，研究引擎，裝置機械。當他在一九四四年去世時，已經是波音飛機公司的總裁，並且製造出「空中堡壘」轟炸機，幫助盟國軍隊贏得了世界大戰。如果他當年留在洗衣店，他和洗衣店——尤其是在他父親死後，究竟會變成什麼樣子？也許，整個洗衣店會破產而一無所有。

所以，奉勸朋友們：不要勉強從事某一行業，不要貿然從事某一行業，除非你喜歡。因為在未來的工作中感到快樂或悲哀的是你自己。因為只有你自己，才是你人生命運的主人。

世界上奇偉瑰麗的景色都在危險且遠離人群的地方，不去追求和努力的人終生都看不到這自然的美景。人生成功的境界正如那美好的風景，想到達光輝頂點的人必須有強烈的願望並相信自己一定能成功。

天生我材必有用。古稀的姜尚，仍然堅信自己會有一番作為，渭水垂釣，終於等來文王拜相。隱居的孔明，胸懷大志，自比管、樂，得茅廬三顧，終被劉皇叔請出匡扶漢室。

戰場生存守則

當然，自信是有基礎的，沒有真才實學，盲目自信那是自狂，不會有成功結果的。靠騙靠吹也只能得逞於一時，但雪化石出，終將自取其辱。

生活中，才能不出眾、安分守己的人是大多數，這實在沒有理由可以驕傲，沒有資格可以狂妄，但就是這些觀念，成為我們通往成功的障礙，成功之路由此被自己截斷。殊不知，平凡不等於平庸。偉大出自於平凡，我們的信心多一分，成功就近一步。不要老是給自己洩氣，其實成功者就是那些擁有堅強信念的普通人。

美國第四十任總統——雷根就是一個充滿自信的人，在成為總統之前，他只是一個很普通的演員，但是他立志要當總統，並相信自己一定可以成為總統。

從二十二歲到五十四歲，雷根一直在演藝圈中，對於從政完全是陌生的，更沒有什麼經驗可談，但是當機會到來時，共和黨內的保守派和一些富豪們竭力慫恿他競選加州州長時，雷根毅然決定放棄大半輩子賴以為生的演員職業，堅決的投入到從政生涯中，結果大家都清楚，他成就了自己的卓越人生。

困境下更要有積極的心態

在第二次世界大戰著名的萊特灣海戰中，美軍的一支小艦隊在實力上處於絕對劣勢，加上美軍指揮官的麻痹大意，誤將日艦當作了自己的艦隊，陷入了日軍強大艦隊的包圍之中。

美軍的主力軍艦是輕型的航空母艦，由油輪或商船改裝而成，最高航速僅為十八節，不足以逃避敵人的追擊；單薄的艦身和最大也不過一三〇公釐口徑的「蹩腳」艦炮，不適宜在海面上交戰。輕型航空母艦用途有限，只能為岸上部隊提供空中支援，負責反潛艇和空防任務，不能用於海戰，如果與重型軍艦交戰，簡直就是以卵擊石。

然而，美軍軍艦卻並未舉手投降，而是勇敢的迎戰。他們以小打大，勇猛衝殺。驅逐艦在此役中奮勇硬拼，而護航航空母艦的飛行員也不甘人後，在全無協調配合的情況下，拼命轟炸敵艦。這些英勇行為終於奏效，護航航空母艦的飛機不斷騷擾日軍總指揮栗田的旗艦，擊落一百多架駐陸地的日機，並且投下一百九十一噸炸彈和八十三枚魚雷，日艦竭力閃避，美軍艦隻發射和飛機投下的魚雷摧毀了許多日艦。日軍不由得有點心慌，粟田當時已不能直接指揮屬下艦隊配合作戰，並且不知道自己勝算在握，他以為遇上第三艦隊一些龐大的快速航空母艦，誰知那只不過是第七艦隊的護航航空母艦。他以為哈爾西龐大的艦隊就在附近，他知道己方鉗形攻勢的南臂已在蘇里高海峽折斷，卻一直沒收到遠在北面小澤艦隊的消息，不知他誘敵成功。另一方面，他也被美軍艦隊的奮勇拼殺嚇退，粟田因此召回艦隊，集合分散的艦隊回航，放棄了到手的勝利。

在絕境中往往能激發出人的潛能，美軍軍艦明知自己打不過日軍軍艦，但還是毫不退縮，終於以實際行動嚇退日本艦隊，以自己的努力挽救自己的命運。究其原因，就在於美軍官兵的處於絕境中絕不低頭的精神，最大程度的激發自己的潛能，最終創造一個以弱勝強的神話。

積極的心態是人生走向成功的重要前提。是你改變世界，還是世界改變你？如果你想改變你的世界，就必須掃除心中畏縮自卑的陰影。只有擁有積極的心態，才會使困難與挫折低下頭來，使你自身固有的潛能充分發揮，進而使你心想事成。

積極成功的心態之所以會使人心想事成，走向成功，是因為每個人都有巨大無比的潛能等待自己去開發；消極的心態之所以會使人怯弱無能，走向失敗，是因為放棄了對偉大潛能的開發，讓潛能沉睡，白白浪費。

積極的心態可以挖掘和開發人們的巨大潛能，使人們有著無窮的力量，相反的，如果你抱著消極心態，只會處於對命運的嘆息之中，難以品嘗成功的喜悅。

任何成功都不是天上掉下來的，只要你抱著積極心態去開發你的潛能，你就會有用不完的能量，你的能力就會越用越強。相反的，如果你抱著消極心態，不去開發自己的潛能，你只有嘆息命運不公，並且越消極、越無能！

憑藉內在的動力、堅定的信心、頑強的毅力，以及積極成功心態的推動，人就可以發揮出驚人的創造力，即使是一個普通人也能創造出奇蹟。因為人有無限的潛能可以開發。一個人想著成功，就可能成功；想著失敗，就會失敗。

有一個勤奮好學的木匠，一天去給法庭修理椅子，他不但做得很認真、很仔細，還對法官坐的椅子進行了改裝。有人問他其中原因。他解釋說：「我要讓這把椅子經久耐用，直到我自己成為法官，坐上這把椅子。」心想事成，這位木匠後來果真成為一名法官，坐上這把椅子。

相信自己可以成功，往往自己就可以成功，這是人的心態在產生作用。人的心靈有兩個主要部分，就是意識和潛意識。當意識做所有的決定時，潛意識則做好所有的準備。換句話說，意識決定了「做什麼」，而潛意識便將「如何做」整理出來。

贏得做人的主動權

第二次世界大戰中的諾曼第登陸戰中，「奧馬哈」灘頭是一個相當難於登陸的海灘。在開闊的錨地裡，在「奧馬哈」海灘外海準備登陸的攻擊艦隊完全處於海峽內惡劣天氣造成的狂風惡浪之中。三公尺高的浪頭向戰鬥艦艇和運輸艦撲打過來，在漆黑的夜裡，讓登陸艦起錨困難重重，而且危機四伏。第五軍的步兵身負沉重的裝備，爬進劇烈顛簸的艦隻，很快就感到難以忍受：潮濕、寒冷和暈船。裝載六十四輛攻擊東、西灘頭的兩棲坦克的十六艘坦克登陸艦，在海上劇烈的顛簸著，笨拙的移動著。負責把攻擊西海灘的三十二輛兩棲坦克送上岸的水手們機智的決定，因風浪太大無法在海上下水，把二十八輛坦克直接送上海灘。但是攻擊東海灘的三十二輛坦克中，有二十九輛在離岸二英里半的海上下水。除二輛沉入海底外，其他都直接送上了海灘。裝備一〇五公釐火炮的幾十輛兩棲車輛也被如此處理，結果盟軍就是利用這些坦克和裝甲車輛開始了奪取海灘的戰鬥。事後證明，如果沒有這些被冒險送上海灘的坦克和裝甲車輛，盟軍士兵將會遭受非常巨大的人員傷亡。

在惡劣的天氣中，盟軍沒有等待機會的自己降臨，而是主動創造機會，進而贏得戰鬥的主動權。

著名的亞歷山大大帝獲得勝利以後，有人問他：「你是不是等待一種機會去進攻？」他聽了大怒說：「機會是要人自己去創造的。」

創造機會，使亞歷山大大帝成就了他的事業。只有能改變環境、創造機會的人，才能達到他的期望，實現他的人生價值。

也許有人以為機會是事業的鑰匙，獲得了鑰匙，於是事業便會一帆風順。但是，事實不是這樣。不論做什麼事，即使有了機會，還是要用你的才能去努力，要用你的精神去苦幹。你的才能潛伏在你的體內，你必須自己把它們表現出來。

等待機會，是一種極笨拙的行為。你不要以為機會像是一個到你家裡來的客人，他在你的家門口敲門，等待你開門把他迎接進來。正好相反，機會是一種不可捉摸的東西，無影無形，無聲無息，它有時潛伏在你努力的工作中，有時徘徊在無人注意的地方。假如你不用正確的方法去尋求，也許你永遠不會遇到它。

「你應該以主導性的行動去面對即將在你身邊短暫停留的機會，」卡內基如是說，「機會來到你身邊，只有你請他，他才可能為你停留，並且在你的人生中升值。」

在做人方面，「自主的」行動是非常重要的。即使事情的發展不如預期，也只有一個原因，如果其他主觀的條件不變，就是你沒有去創造本來屬於自己的良機。

唯一能創造良機的，只有你自己。有了這種認識，才能由被動的尋找變成主動的創造，由被動的接受變成主動的擁有，依賴別人及推卸責任是庸俗和無知的表現。什麼都不去做，只想依靠別人，局勢將根本沒有改變的希望。人生的一切變化，都是源於自己的創造。

沒有機會而自己又不去努力創造，或有了機會不能把握住，都會喪失對人生的主動權，而主動與被動是有天壤之別的。被動就像被命運隨意擺布，可以說是一種最失敗的做人方法。主動則洋溢著昂揚的鬥志，是一種能產生極大力量的自信力。

心情不好，不要把天氣也看成灰暗的

一九四二年十月二十一日，在戰鬥激烈的瓜達爾卡納爾島上，日軍和美軍進入僵持狀態，誰可以堅持到底，誰就可以贏得最後勝利。於是，已經奪取了瓜島大部的美軍主防禦，而日軍則主進攻。日軍的精銳部隊丸山師團向馬塔尼考河的美軍陣地發起進攻，但是美軍的炮兵擊退了進攻，陸戰隊員也把日軍殘部擊潰。在這次戰鬥中，有超過六百五十名日軍陣亡。過了三天，丸山又派遣了六千人的部隊向防守「血嶺」的徹斯蒂・普勒的第七團第一營和漢娜肯的第七團第二營發起進攻。十月二十三日到達的陸軍一六四團第三營則支援普勒的左翼。儘管戰鬥在大雨中進行得異常慘烈，但海軍陸戰隊最終還是守住了陣地。

普勒營負責兩個機槍班的調配，著名的「馬尼拉・約翰」連的軍士在日軍的進攻面前沒有退卻。他們雖然不停的遭到迫擊炮火攻擊，但是連長巴斯隆仍堅持與戰友一起向日軍還擊。由於大多數美軍士兵都堅信，他們能贏得最後的勝利。在這樣的信念鼓勵下，儘管日軍佔據了兵力的優勢，美軍士兵卻沒有一個退卻。漢娜肯營的米歇爾・佩吉軍士也同樣堅持戰鬥到最後，所有同伴都已陣亡或負傷，他仍一個人向敵人開火直至援軍趕到，並且他還帶領大家向敵人發起了一次衝鋒，將敵人趕回去。巴斯隆因為戰場上的英勇表現被授予一次戰場授銜的嘉獎，但是他沒有接受，而他因獲得榮譽勳章成為二戰中第一位獲得該榮譽的海軍陸戰隊員，佩吉也得到一次戰場授銜並獲得榮譽勳章。整個戰鬥中，日軍損失了大約三千人，最終因兵力損失過大以及美軍增援部隊趕到而不得不退入叢林。

美軍由於在積極心態的鼓勵下，他們堅持到了最後，而日軍則因為其他戰場的慘敗消息，嚴重打擊了士兵的作戰積極性，不能全力進攻，最終遭到又一次的慘敗。由此可以看出，積極心態對人生的重要性。

從某種角度來說，每個人都是士兵，都想在生活中對著目標一射而中。假如是一名射箭運動員，當他將箭射向靶心的時候，為什麼不能每次都如願？

為什麼那些一流的NBA運動員也會有得心應手之後，連著幾次出手投不進一球的情形？

事實上，心態如何決定了你人生的成敗。

你做一項工作時，剛開始時的心態決定了最後有多大的成功，這比任何其他因素都重要。

對生活的態度越積極，對人生的挑戰越勇敢，就越能找到最佳的心態。難怪有人說，每個人的環境——心理的、感情的、精神的——完全由自己的心態來創造。

心態分兩種：積極心態和消極心態。積極心態能發揮潛能，能吸引財富、成功，快樂和健康；消極心態則排斥這些東西，奪走生活中的一切，使人終身陷在谷底，即使爬到了峰巔，也會被它拖下來。

積極心態的特點是自信、充滿希望、誠實、有愛心和踏實，消極心態的特點是悲觀、失望、自卑、虛偽和欺騙。

許多人生得失的經歷告誡人們，心態是世界上最神奇的力量。帶著愛、希望和鼓勵的積極心態往往能將一個人提升到更高的境界；反之，帶著失望、怨恨和悲觀的消極心態則能毀滅一個人。就像一句俗語說的那樣：「心情不好，看天氣都是灰暗的。」一個人一旦陷入到這種糟糕的心態之中，想不失敗都難。

大膽冒險，確定勝局

在戰爭中不冒險就將一事無成。在有些場合，最大的冒險，反而表現了最大的智慧。

在第二次世界大戰中，美軍失去菲律賓以後，撤退到澳洲，然而日軍很快就會進攻澳洲。一旦失去澳洲，戰爭將會打到美國本土，美軍的形勢到了最危急的時刻。美軍必須改變被動局面，才能贏得主動。

在麥克阿瑟到來之前，澳洲的參謀部曾經制定過一個叫做「布里斯班」的計畫，這個計畫在麥克阿瑟看來是過分保守了，他決定對這個計畫進行慎重研究，專門召開一次防務會議，由澳洲陸軍參謀長詳細介紹這個計畫。

會議上，麥克阿瑟一言不發，當陸軍參謀長轉過身來詢問他對此決定有何意見時，麥克阿瑟站起來，一字一句的說道：「先生們，既然諸位讓我發表看法，我要說的是，澳洲的防線應該跨過北面的海峽，到新幾內亞去。」

說罷，麥克阿瑟走到攤開的地圖前，這張地圖和描圖紙別在一起，釘在兩個木頭底座上面的一張膠合板上。圖上被參謀人員用藍色鉛筆標出虛線，代表的就是布里斯班線，而由北向南伸過來的兩道棕色箭頭，則是預定日軍到達的位置。麥克阿瑟在地圖前轉過身來對他的參謀長薩塞蘭說：「我認為，他們弄的這玩意是一個消極的防禦計畫。讓我們從頭來吧。」

這就是麥克阿瑟提出的新防禦計畫。新的計畫準備充分利用高聳在巴布亞境內海拔三百九十多公尺的崎嶇山脈，作為截擊日本軍隊南進的天然屏障。這條山脈叢林密布，彎彎曲曲的山間小路是唯一的通道。在它險峻峭壁的庇護下，巴布亞東部通向外界的莫爾茲比港有了良好的安全保證。這樣一來，整個巴布亞的東部，就只剩下東南角的米恩灣是日本人進攻的唯一「途徑」。

麥克阿瑟制定的新的作戰計畫，不僅將戰線重心向前推進了兩千多公里，更重要的是，這樣一來，就把保衛澳洲之戰放在了澳洲大陸以外來進行。如果取得勝利，澳洲就可以免受侵犯。麥克阿瑟為自己創造一個轉守為攻、爭取主動、日後發起反攻的有利條件。

麥克阿瑟如此大膽的決定，出乎日本統帥部的意料。日本海軍一位高級參謀在戰後回憶道：「一九四二年春天，日本意想不到麥克阿瑟會進軍新幾內亞，並且以此保衛澳洲。日軍也沒有估計到他會利用新幾內亞作為反攻的基地，日軍確信麥克阿瑟不可能在莫爾茲比港駐軍，因為他沒有足夠的兵力在那裡堅持下去，而且日本海軍相信會把他趕出新幾內亞。看到空襲達爾文港和敦斯維爾的勝利，日本人推想麥克阿瑟的兵力是薄弱的，這是日本陸、海軍部所共同持有的態度，而且這個意見得到了在新幾內亞作戰的日軍指揮官的認可。」

事後證明，麥克阿瑟的設想和計畫是正確的。將戰線北移，不僅有效的遏止日本軍隊向南推進的速度，而且也為美軍提供廣闊的作戰空間，美軍最終守住了澳洲，作為日後反攻的最大基地。

有一年，美國但維爾地區經濟蕭條，許多工廠和商店紛紛倒閉，即使一時未倒閉的也被迫減價拋售自己堆積如山的存貨，價錢低到一美元可以買到一百雙襪子。

當時，約翰・甘布士還是一家小型紡織廠的小技師。他敏感的察覺到這是一個千載難逢的機會，於是馬上把自己所有的錢都用來收購低價貨物，人們看到他這樣的瘋狂行為，都公然嘲笑他是一個傻瓜！

約翰・甘布士對別人的嘲笑漠然置之，依舊收購各工廠和商店拋售的貨物，並租了很大的倉庫來儲存貨物。這時就連他的妻子都開始抱怨他，然而甘布士繼續他的行為，誰也不理會。

過了十多天後，那些工廠低價拋售的貨物也沒有人來買了，便把所有存貨用車運走燒掉，以此穩定市場上的物價。

他的妻子看到別人已經在焚燒貨物，不由得焦急萬分。對於妻子的抱怨，甘布士一言不發。終於，美國政府開始採取緊急行動，使用了很多手段，甚至制定了許多法規來穩定但維爾地區的物價，並且大力支持那裡的廠商復業。

與此同時，但維爾地區因焚燒的貨物過多，存貨奇缺，物價一天天飛漲。約翰・甘布士馬上把自己庫存的貨物出售，一來可以賺一大筆錢，二來使商場物價得以穩定，不致暴漲不斷。

在他出售貨物的時候，他妻子又勸告他暫時不要忙著把貨物出售，因為這時物價還在上漲。甘布士平靜的說：「是出售的時候了，再拖延一段時間，就會後悔莫及。」

果然，甘布士的貨物剛出售完，物價便開始下跌，這時，他的妻子以及他周圍的人才對他的遠見欽佩不已。

冒險是一個沉舊又嶄新的話題，幾乎每個人都懂得這個道理，都會列舉出一大堆理論來說明冒險是十分必要的，然而真正做起來卻沒有幾個人有這樣的膽量。所以大多數的人一輩子也發不了大財，只能平淡的過一生。

冒險不僅需要膽量，還需要眼光，胡亂冒險不是冒險，而是莽撞。當你準備冒險時，千萬要牢記這一條。

取得最高成就的七個秘訣

有成就者靠的是什麼？靠時來運轉？才華橫溢？還是靠獻身精神？誠然，這些都有助於成就的取得。但是，在各行各業中頗有成就的人，都具有人人都能夠學到手的某些心計和習慣。

作為二戰中的名將之一，巴頓在二戰中的所作所為充滿了爭議，然而不可否認的是，他仍是決定二戰勝負的幾個關鍵人物之一，這要歸功於他的幾個成功秘訣。

小事不馬虎，大事可成

對於巴頓來說，戰時的生活和平日生活是完全不同的兩種概念。在和平時期，將軍不一定是將軍，可以是一個平民；但是在戰時，將軍就是將軍，士兵就是士兵，嚴明的紀律就是一切。在二戰中途接手了美軍以散漫和戰鬥力低下著稱的第二軍之後，巴頓首先進行的就是對軍紀的嚴格要求。他要求美軍士兵不管是在打仗還是在平時，都必須打綁腿，穿軍裝，他自己首先嚴格執行。從這個細節入手，巴頓透過卓有成效的管理，將第二軍重新打造成為美軍的王牌軍之一。

選擇自己喜愛的職業

巴頓認為自己天生就是一個軍人，「如果不讓我當兵，我就會參加國民警衛隊；如果連國民警衛隊都不要我，我只能去自殺了。」成為巴頓的名言之一。在二戰期間，攻佔了摩洛哥以後，巴頓成為那裡的最高長官。由於暫時沒有作戰任務，巴頓被邀頻頻參加各種社交活動，儼然成為一個社交明星。

然而巴頓的內心是極其痛苦的，一個軍人不讓他打仗那意味著什麼，他比誰都清楚。由於心不在管理行政事務上，他把摩洛哥搞得一團糟，這一點也成為反對他的人攻擊他的理由之一，私底下他不止一次的說：「我待在這裡煩透了。」

在重新接手第二軍的時候，巴頓簡直是欣喜若狂。

放著一個更有實權的官員不做，而寧願去接手一個爛攤子，這就是巴頓式的風格。

執行重要任務前，思想上要做好充分準備

還是在摩洛哥期間，巴頓在管理行政事務的同時，並沒有放棄繼續作戰的願望。為此，在征服之後，他做了大量的工作，組織擴建了機場，改善了後勤供給系統，對剛剛來自美國的新兵進行了強化培訓，把摩洛哥變成盟軍以後作戰的堅固基地。同時，他開始調查有關前線作戰的第一手資料，做了大量的實地調查，瞭解到戰場上存在的許多問題，並統統加以改善，為日後盟軍的作戰以及他本人在戰術上的提高奠定了堅實的基礎。

追求的是成果，而不是十全十美的過程

巴頓喜歡下一些奇怪的命令和一些苛刻的要求，但是他從不要求過程，只要你完成任務，你就是英雄，你就會得到他親手簽署的嘉獎令或者勳章。在許多次戰鬥中都深深表現出他的這種怪異的指揮方式，但是他領導的部隊的戰績卻是最好的，這一點無法否認。

因為這一點，許多軍官和士兵更願意和巴頓合作，為他賣命。

勇於承擔風險

在北非作戰期間，巴頓在進攻卡薩布蘭加的時候，曾經冒過一次大的風險。

在作戰部隊到達預定位置以後，突然發生了一件事，巴頓與總部的聯絡突然發生了故障，怎麼辦？如果繼續等下去，勢必貽誤戰機，但是如果擅自行動，卻要擔上「不聽從指揮」的惡名，因為艾森豪早就要求他在發起進攻時要經過他的同意。

這時，巴頓做了一個他稱之為「一生中最重要的決定之一」的決定，繼續進攻，並且迫使敵人投降。幸運的是，他做到了。

不要低估你的潛力

在攻打義大利的西西里島上的一個次要城鎮時，巴頓充分利用了他的影響力。那個小鎮上駐有義軍重兵，如果直接進攻，勢必造成美軍的重大傷亡，於是巴頓決定，進行勸降。但是重要的是，他決定要親自勸降。這是一個危險的決定，但是巴頓堅持要這麼做，他的命令無人敢違抗。巴頓說：「巴頓就是巴頓，他們不敢把巴頓怎麼樣的，大不了再把我送回來，大家重新打一仗而已。」

他的士兵眼睜睜的看著他進入敵軍的營地中。過了半個小時，巴頓興高采烈的出來了，告訴他的士兵：「你們可以進去狂歡了，他們決定向我們投降。」

在戰場上，巴頓之所以敢於做出這樣的決定，一方面是義大利戰爭已進入尾聲，面對美軍重兵，本來就是在德軍脅迫下作戰的義軍士兵更不願意打仗；二來是巴頓在二戰戰場上攻無不克的大名。

與自己競爭，而不要與別人競爭

巴頓有一句名言：「如果你沒有升為將軍，就是你沒有做好將軍應該做好的事，不要埋怨你的上級，因為你就是你自己的上級。」

與自己競爭，而不是與對手競爭，這就是巴頓成功的又一條秘訣。無論在被調到二戰初期美軍部隊中條件最差的裝甲部隊中，還是屈居於曾經是自己部下的布萊德雷之下，巴頓都沒有因為官職的高低與上級爭辯過，這也是巴頓的過人之處。儘管他經常因為戰術和戰略問題和上級頂嘴，但是他的上級都原諒了他。

這就是有成就者的技巧所在。如果你不想埋沒自己的能力，如果你想充分發揮自己的才能，請你學會運用這些技巧吧！

第十三章

做與不做不一樣

在戰場上，做任何事情都可能挨子彈，什麼都不做也一樣，這是《美軍守則》中的一條比較另類的理論，但是細細想來，卻是很有道理。任何哪怕最低劣的武器都是為了殺戮而產生，什麼也不做，那就是：等死。既然如此，還是找點事情做吧，否則只能等著挨子彈了。

要實現野心，就必須行動

在第二次世界大戰期間，美軍對日軍的作戰主要是透過島嶼作戰實施的。

在爭奪瓜達爾卡納爾島的戰鬥中，日軍第一波突擊機群在離第五八特混艦隊七十海里空域時，與美機群相遇。美軍利用性能優良的電波指示器，居高臨下的對缺乏訓練的日機編隊進行突襲，一舉擊落日機二十五架。一位美飛行員說：「日本飛機像樹葉一樣的往下落。」

那些僥倖未被擊落的日機，在武士道精神影響下，凶猛的撲向美航空母艦，但是遭到了高炮的猛烈轟擊。僅有一架日機擊中了「南達科他」號主力艦，炸死美軍二十七人。

十一時三十分左右，日軍一位艦隊司令小澤從其主力中派出一二八架飛機組成規模更大的第二攻擊波。日機在飛出五十海里之後，遭到美「惡婦」式戰鬥機群的截擊，飛機損失近半。有二十餘架日機突防成功，有二架轟炸機投下的炸彈落在「邦克山」號航空母艦近旁，引起了大火。另有一架日機撞到李海軍中將的旗艦「印第安那」號的艦舷上。

第三攻擊波的四十七架日機，在預定的目標區內沒有發現美艦，大多數飛機不戰而歸，其餘約二十架日機在尋找美航空母艦的途中與兩艘美主力艦遭遇，七架被擊落，其餘倉皇回逃。當天下午，美軍指揮官斯普魯恩斯將軍下令停止追擊，戰鬥宣告結束，這次戰鬥被稱作菲律賓海戰。菲律賓海戰歷時八個小時，小澤發動了幾次攻擊，非但未能破壞一艘美國航空母艦，反使自己的海軍航空兵損失慘重，進而使日方的岸基航空兵無力參加這次海戰。美國飛行員把這次痛快淋漓的海上空戰比做是「獵取馬里亞納火雞」。在這場實力相差不大的戰鬥中，美軍部隊不僅有必勝的信心，而且還敢打敢拼，反觀日軍，雖然日軍總部也制定了宏大的作戰計畫，但是實際執行的效果就大打折扣。如果在戰役初期還有相當戰鬥力，到了戰役中期，就成為被動挨打的對象。日軍飛機往往是見了美軍的飛機調頭就跑（這時，日軍還未大規模的實行特攻戰術），同時，其他協助作戰的部隊也戰鬥力低下，日軍焉有不敗之理？

制定了目標就要堅決的執行，就像一支箭搭在弦上，下一步必然是發射，哪裡還有後退一說？後退就意味著失敗。許多人都制定了自己的人生目標，從這一點來說，每個人似乎都像一個戰略家。但是，相當多的人制定了目標之後，便把目標束之高閣，沒有投入到實際行動中，結果到頭來仍然是一事無成。目標再偉大，如果不去落實，永遠只能是空想。成功在於夢想，更在於行動。制定目標是為了達到目標，目標制定好之後，就要付諸行動去實現它。實際上，相對來說，制定目標倒是很容易的，難的是付諸行動。制定目標可以坐下來用腦子去想，實現目標卻需要扎實的行動，只有行動才能化目標為現實。觀望、徘徊或者畏縮都會使你延誤時間，以致使計畫化為泡影。萬事起頭難！要做成一件事情，人們總是覺得邁出第一步困難重重，總是下不了決心。於是便遲疑不決，猶豫不定，今日推明日，明日推後天，這樣推來推去便延誤了時間，也就延遲了成功之日的到來，甚至會把成功推到門外。

一個人要做一件事，經常缺乏開始做的勇氣。但是，如果你鼓足勇氣開始做了，就會發現做一件事最大的障礙往往來自自己的內心，更主要是缺乏行動的勇氣，有了勇氣下決心開了頭，似乎再往下做就會是順理成章的事情。

有了第一步，就會有第二步、第三步……這樣不斷的做下去，你就會發現離目標越來越近，你的目標正在漸漸的化為現實。

要使美夢成真，唯一途徑就是行動，去實踐它，只要定位清晰，目標明確，你投入一分行動，也將向成功走近一步。如果投入十分的行動呢？你將擁抱成功。

面對懸崖峭壁，一百年也看不出一條縫。但用斧鑿，能進一寸進一寸，能進一尺進一尺，不斷累積，突破遂至。記住：行動是實現夢想、通往成功的唯一道路！

說與做永遠是兩件事

在二戰中的進攻德國本土的作戰行動中，蒙哥馬利的部隊作為一支主攻部隊，卻進展緩慢。戰前，他的作戰計畫最多，目標也最多，然而在戰鬥進行過程中，他所宣稱的作戰目標幾乎一個都沒有拿下，以至於盟軍總司令寫信給邱吉爾，讓他勸蒙哥馬利「騎自行車去進攻」，邱吉爾也覺得蒙哥馬利的戰鬥進程太過遲緩，寫信對蒙哥馬利責備了一番，讓他「把丟失的英國面子拿回來」，然而蒙哥馬利卻依然故我，不為所動，依然保持他獨有的慢吞吞的步調，完全喪失了在北非與隆美爾作戰時取得的英名。

為了督促和幫助他進攻，艾森豪建議派一些美國軍隊給他——他認為最沒有用的美軍部隊來協助他。起初，蒙哥馬利堅決不同意，然而艾森豪卻堅持，並且以他在戰前誇下的海口和實際行動，勸說他接受這樣的「援助」。最後，蒙哥馬利勉強同意接受李奇威的第十八空降軍的支援。

與蒙哥馬利形成鮮明對比的是，李奇威部隊風馳電掣般的從魯爾區向易北河疾進，幾天之內就推進了兩百五十英里。該軍包括加文第八十二空降師，第七裝甲師和第八步兵師，加上英國的第六八空降師。四月二十九日，英國軍幾乎沒有遇到任何抵抗，就順利的渡過了易北河。李奇威不等英國架好橋樑（按原計畫），就命令加文的空降部隊快速抵達易北河畔，在布勒凱德附近實施強渡，並架了一座橋樑。四月三十日，加文的部隊渡過了易北河，李奇威部隊在後面全速前進。這次進軍很少為人所知，卻收到了驚人的效果。李奇威第十八空降軍向東北疾馳六十英里，直抵維斯馬，甚至擋住了乘勝追擊的蘇軍的去路，俘虜德軍三十六萬人，包括五十名將級軍官。當獲悉德軍整整一個集團軍群（約十五萬人）及其全部裝備，已向加文第八十二空降師投降時，盟軍真是大喜過望。

李奇威和蒙哥馬利截然不同的戰果說明：說與做是兩碼事，任何事不是說說就可以做到。現實是此岸，理想是彼岸，中間隔著一段湍急的河流，行動則是架在河流上的橋樑。行動才會產生結果，誇誇其談的人永遠不會成為一個成功者。也許沒有幾個人想到可以把一個人引向死亡的竟然是「還有明天」，今天的事情今天做，絕對不能拖到明天。

「行動具有激勵的作用，行動是對付惰性的良方。」

戰場生存守則

拿破崙有一句名言：「我總是先投入戰鬥，再制定作戰計畫。」你不必先變成一個「更好」的人或者徹底改變自己的生活態度，然後再去追求自己嚮往的生活，只有行動才能使人「更好」。因此最聰明的做法就是向前，立即行動，去實現自己嚮往的目標，想做什麼就去做，然後再考慮完善自我或完善目標。只要行動，生活就會走上正軌而創造奇蹟，哪怕你的生活態度暫時是「不利的」。

正如英國文學家、歷史學家迪斯雷利所言：「行動不一定就帶來快樂，但是沒有行動肯定沒有快樂。」

進攻就是最好的防守

在第二次世界大戰期間的盟軍攻克法國貝洛森林（一九四四年六月）的作戰行動中，戰地記者佛洛德・吉布斯親眼見到，曾經在第一次世界大戰和海地戰役期間獲得榮譽勳章的軍士長丹尼斯戴利以自己的方式鼓舞自己排裡的士兵。他向前跳躍，並高喊：「快上，臭小子們，你們想長命百歲嗎？」

到了晚上，海軍陸戰隊奪下了貝洛森林的三分之二，但是他們在這一天的損失比海軍陸戰隊一四三年歷史的總和還多：一千零八十七人傷亡！許多連隊報告，所有軍官已在進攻中陣亡，士官正在接替軍官指揮戰鬥。

為數不多的未受傷的陸戰隊員中，有曾經在古巴的庫斯科韋爾戰鬥過的。其中立在敵人炮火前發信號、同時參加過菲律賓的索霍頓懸崖戰鬥的約翰・奎克中士，這時已經是少校。得知駐布賴切斯的克里福德・凱茲中尉需要彈藥時，奎克收集一卡車彈藥，冒著敵人密集的炮火，為凱茲運送彈藥。令人驚奇的是，送到布賴切斯後，他明智的決定留下而不是冒險回去。

第二天，陸戰隊鞏固了陣地，挖了許多淺淺的散兵坑，有人稱這些散兵坑為「狐狸洞」。六月八日，德軍發動反攻；六月九日，陸戰隊再次發起進攻。經過數天血腥的惡戰，六月十二日，陸戰隊員最終控制了貝洛森林北部。六月十三日，德軍以大炮和毒氣發動了一場反攻，此後又發動了一輪衝鋒。

有「強硬的約翰」之稱的約翰·修斯少校的第六陸戰團一營抵抗住可怕的毒氣進攻和敵方火炮的猛轟，並設法反擊德軍進攻，陸戰隊員牢牢堅守著陣地。修斯在陣地上說著俏皮話：「真是了不起的炮擊和進攻啊……一切正常……難道你不能給我來點熱咖啡嗎？」

修斯的話，是對手下官兵的當時狀態故作輕鬆的掩飾。陸戰旅消耗得很嚴重了，他們都已筋疲力盡了。一些營減員到三分之一，僅修斯的那個營就傷亡四百五十人，哈伯德將軍命令陸戰隊立即休整。六月十六日，陸軍第七步兵團接替了陸戰旅，撤下來的陸戰隊成為預備隊，陸軍清掃貝洛森林的戰鬥進展得不比陸戰隊更快。六月二十三日，海軍陸戰隊再次進入貝洛森林，並徹底掃清了森林中的殘餘德軍。

倘若沒有那些活躍的士兵或者軍官的鼓舞，沒有主動的進攻，在這場殘酷的戰鬥中，真不敢想像最後的結局是誰勝利。

因此說，進攻，必須強調主動。在足球比賽中，經常可以看到一些教練強調進攻。他們有一句名言：「進攻就是最好的防守」。往往比賽結果也能說明，保守總是會得到命運的鄙視。

二〇〇六年的世界盃足球賽中，阿根廷是賽前大部分人所看好的球隊。隊中頂級球星比比皆是，甚至連候補席上都坐滿了頂尖球員。他們的陣容全世界只有一支球隊可以與之媲美，就是排名世界第一的巴西隊。

在與東道主德國隊比賽前，許多人都預測阿根廷會毫不費力的取得勝利，甚至連賭盤都開始預測阿根廷會贏德國隊幾分。然而比賽的結果卻令人們跌破眼鏡，阿根廷居然輸掉了比賽，這令許多喜愛阿根廷的球迷們傷心不已。

之所以得到這樣的結果，與其教練的保守是分不開的。在比賽中，阿根廷固有的犀利的進攻沒有了，代之以想盡辦法的耗時間。最終把比賽拖進了殘酷的ＰＫ決勝。阿根廷顯然不擅長以這種方式贏球，於是悲壯的離開了世界盃！

比賽中，想要贏就必須主動，現實中更是如此。成功靠的是積極主動。

起步高，離成功就更近

瞭解敵情是作戰制勝的關鍵因素之一。第二次世界大戰中，為了實施「霸王行動」（即諾曼第登陸），早在一九四三年，盟軍的海、空軍兵力就開始了偵察活動。

反偵察與偵察總是形影不離。為了阻止德軍的偵查，盟軍空軍在一九四四年四月中旬即開始摧毀德軍海岸防禦工事的特別行動。五月初又開始攻擊敵軍雷達設施與無線電設備、彈藥與燃料堆集場所、軍事營地與司令部、機場。由於盟軍空軍的奮戰，在進攻發起日前的六個星期內，德軍向英吉利海峽地區只出動了一百二十五架次的偵察機，向泰晤士河入海口和東海岸只出動了四百架次，其中非常少的偵察機飛近陸地，那些冒險偶爾飛臨英倫諸島上空的德軍飛機一般都遭到了有效的攔擊。因此，德軍不能完全掌握盟軍大批部隊和船隻集結的情況。

在登陸作戰發起之前，對敵戰略重心實施有效的戰略轟炸，可以極大的削弱敵人的經濟實力、作戰能力和抵抗意志，震撼其軍民的心理，摧毀或癱瘓其作戰體系。

為此，從一九四三年年底，盟軍對德國就發動了代號為「直射」的戰略空襲行動，對德國佔領區實施大規模的戰略轟炸。一九四四年一月，為了在登陸前孤立諾曼第戰場，盟軍空軍司令利・馬洛里和他的司令部擴大了「直射」計畫，擬定了轟炸法國、比利時和德國鐵路樞紐和列車編組站的作戰計畫，代號叫「運輸」作戰，目的是要癱瘓敵人的運輸系統，制止德軍增援部隊向諾曼第調動。

「運輸」作戰計畫規定，對德國境內的三十九個目標以及比利時和法國的三十三個目標進行為期九十天的轟炸，以癱瘓對西線德軍提供補給的三鐵路系統。「運輸」作戰行動取得了驚人的效果，德軍在法國境內的兩千個可供使用的火車頭中，有一千五百個被炸毀。德軍試圖用公路運輸代替鐵路來運送關鍵性的軍用品，但是汽車不夠，公路橋樑也被嚴重破壞。

此外，「運輸」作戰，使德軍岸防工事的構築由於缺少鋼筋和水泥而受到限制，並迫使德軍把兩萬八千名滅種死亡營的勞工從築壘工地調去搶修法國的鐵路，可見「運輸」作戰計畫對保障霸王登陸計畫實施發揮了關鍵性作用。

這次戰役之所以會順利進行並最終獲得勝利，與盟軍的起點（知彼，彼不知己）高有很大的關係。首先，透過偵察摸清敵人的防禦情況，其次是透過大規模的戰略轟炸有效的削弱德軍的抵抗力量，為盟軍的最終登陸掃除障礙。

可以說，這場戰爭是在不對等的情況下進行的，幾乎從一開始就決定了盟軍的勝利。

這個法則對生活中的人們也有很大的啟發，那就是：想辦法把自己的起點提高，離成功的頂峰就會更近，這是一個簡單的道理。

成大事應該從什麼樣的高度開始？很多剛開始找工作的人認為從哪裡開始都一樣，先落了腳再說，並野心勃勃的表示不會待太久。但遺憾的是，他們之中的大多數進到那個層次後，便很難再出來了。

對於這個問題，著名的成功學家拿破崙・希爾有過很經典的論述，他說，這種從基層做起，慢慢往上爬的觀念，表面上看來也許十分正確，但問題是，很多從基層做起的人，從來不曾設法抬起頭，以便讓機會之神看到他們。

所以，他們只好永遠留在底層。必須記住，從底層看到的景象不是很光明或令人鼓舞，反而會增加一個人的惰性。

惰性使許多人喪失了追求的動力，雖然只要多付出一點點努力，就可以有一個更高的起點，但是有些人就是不願意多付出那麼一點點，一些人甚至抱有這樣的疑問：為了得到區區一份工作，真的有必要花那麼大的力氣嗎？

對於這樣的提問，答案永遠只有一個：只要某種努力可以為你帶來提升，再多的努力也不算多餘。

從底層做起，一步一步前進，看起來很務實，但是也可能前途灰暗，使自己喪失最初的希望和熱情，迷失了方向。我們稱之為「陷入固定模式者」，就是指那些每天被一成不變的工作壓著，馬不停蹄的人，他們對自己的工作和生活方式已習以為常，就會慢慢的被這種僵化的生活吞噬，最終連從這種生活方式中逃脫出來的願望都喪失。

因此，一級也好，兩級也好，在職位上努力向上攀登十分重要，對一個人的長遠發展來說也是一件意義深遠的事情。只要你能登高一個職位，就有機會將模糊不清的東西看得更清晰。

欲成大事的人，如果有可能，盡量從基層的上一層或上兩層開始，這樣你就會免去最底層的單調生活的折磨，避免形成狹隘的思想和悲觀的論調，尤其是避開低層次的鬥爭。

彼得原理有三個重要推論，那就是：

一、總有一些職位是你不能勝任的，你必須想辦法繞過它們。

二、坐在不勝任的職位上，不僅對自己是一種折磨，對人際關係和事業也是一種損害。

三、職位越低，鬥爭越激烈，機會越少，人的消耗也越大，越往上，人的路越好走。

從什麼樣的高度開始更有助於成就大事，你現在應該很清楚了。

打破舊屋，才能蓋新房

美軍的傳統就是打破傳統，再造新規，這一點在那些美軍名將身上表現得更為明顯。

二戰中的著名將領麥克阿瑟總是想經由事物的表面，尋找他行動的依據和理由，這個做法可以說起源於「西點」，並一直保留至朝鮮戰場的仁川。傳統、習慣和慣例對他不產生作用。相反的，他熱衷於向它們挑戰。

第一次世界大戰結束後，麥克阿瑟出任西點軍校的校長。在接任以後，他就發現，「西點軍校正處於前所未有的危機之中」。在他看來，西點軍校就像一個風燭殘年的老人，已經病入膏肓，除非進行一次大手術，否則只能靜等這所美軍最有名的陸軍軍官學校壽終正寢。

麥克阿瑟在任校長第一年的年終報告中說：「我任美國陸軍學院校長之日，就是這所學院生活的一個時代終結之時。」

西點軍校的建校宗旨是，未來戰爭的主體將主要是一小批職業軍官，軍官將依賴嚴格的紀律和嚴厲的懲罰來指揮戰場上的士兵。軍校的任務就是培養能帶領這種部隊的軍官。美國的內戰並沒有改變這種對待軍校功能的狹隘觀點，那是一場一半美國人打另一半美國人的戰爭。麥克阿瑟堅信第一次世界大戰一定會改變這個觀點。

二十世紀的戰爭是大規模的衝突，現代國家派往戰場的集團軍不會由職業士兵組成。就像剛剛結束的第一次世界大戰一樣，這些集團軍將由業餘的、稚嫩的年輕人組成，他們被從工廠、農場、教室和辦公室徵召。並且，根據麥克阿瑟的經驗，他們中的很多人有文化、頭腦靈活，他們與數個世紀以來的職業軍隊的「傳統炮灰」完全不一樣。

老式的、殘酷的指揮方法在他們之中幾乎行不通，也不會為現代社會所接受。需要一種新型的軍官，這類軍官繼承了以往所有的軍事美德，但是他深知人類情感的機制，全面瞭解世界和國家大事，思想開放，這一切使他的指揮心理發生轉變。

進行這樣的一場改革，難度可想而知。

麥克阿瑟要面對的對手包括學校那些「老古董」（麥克阿瑟私底下對一批守舊的教授的叫法），其中最頑固的當屬學校的十二人學術委員會。這個委員會由十二個資深的老教授組成，毫無疑問，他們對麥克阿瑟的改革抱持堅決反對的態度，並且他們在美軍高層中有相當多的支持者，這成為他們堅持自己落後主張的後盾。

戰場生存守則

事情演變到這種狀況，實際已變成麥克阿瑟與美軍高層中持守舊觀點的勢力的一場「戰爭」。麥克阿瑟幾乎是孤軍奮戰，因為與他同一觀點的日後的同僚們這時卻大多只是下級軍官（馬歇爾正在訓練一個團，而艾森豪還不知在哪裡）。

但是麥克阿瑟毫不退縮，因為他深信他的主張是對的。最後，他成功了。

打破舊有的傳統，創建全新的規則，往往需要先行者付出犧牲，甚至是相當重大的犧牲。然而，一旦打破了舊的傳統，成功創立了新的規則，你就是新的成功者，你付出的代價越高，你的成功就越有價值。

何況，在競爭日趨激烈的今天，靠常規的手段去換取成功這條道路被證明越來越難走，就好像一座獨木橋，大家都去擠，不但擠不過去，還要冒著掉下去的危險。

聰明的人不會與別人冒著風險去擠獨木橋，他們往往會重新發現另一條路，這條路同樣可以到達對岸，只是要付出一些代價，不過卻是值得的。

你願意做聰明人，還是願意去與大家一起擠獨木橋，想必你內心已有了自己的選擇。

成功總是在於堅持不懈的追求

在一九八一年美軍登陸格林伍德的戰役中，美軍的凱特中校負責率領一個小隊攻打里奇蒙山監獄以解救關在裡面的「政治犯」。然而里奇蒙山監獄牆高而厚，小隊又沒有重武器，上級又命令不能破壞監獄，所以也不能請求空中火力支援。

因此，直到十月二十七日拂曉，凱特中校又進行了幾次進攻，但都沒有成功。時至中午，凱特中校讓隊員們四面包圍監獄，然後休息。

這時，一名美國戰地記者來到凱特中校的面前，要為他拍照，並且聊起作戰進展情況。當瞭解到監獄圍牆又高又厚，格軍火力猛烈，美軍苦戰半天無法攻入時，記者提出想到監獄圍牆前看一看，凱特中校叫來一名中士陪著記者走到圍牆北邊。就在這裡，他們驚喜的發現有一扇小門是開著的，記者徑直走向小門。

為了防止被裡面守衛的格軍射擊，記者高高舉起雙手，以示沒有武器。就這樣，記者竟然沒受到任何阻擋便走進了監獄。過了一會兒，記者走出來向門外的中士擺手示意這裡沒人防守。中士做夢也沒料到會有這樣的事發生，他興奮的跑回，帶來十來個士兵，迅速鑽進小門，很快便佔領了監獄的一段圍牆，打開了監獄大門，把陸軍隊員們都放了進去。守衛監獄的格軍見狀驚慌失措，來不及抵抗就被美軍繳械了。

就這樣，戰地記者一個意外的發現，使美軍輕而易舉的佔領了里奇蒙山監獄，一百多名「政治犯」得到了解救。

在這場小規模的戰鬥中，美軍因為一個偶然的發現，而突破了格軍的防守，取得了戰鬥的勝利。雖然是偶然，但是也與美國人不放棄自己的努力有關。試想，連一個美軍戰地記者都能發現這樣的「偶然」，那麼多的美軍士兵團團圍住監獄，時間一長，能不發現嗎？克敵制勝，靠的就是堅持不懈。

戰場生存守則

潔西卡．薩維奇是美國著名的電視新聞主持人，因表現出色而被譽為「美國廣播公司的黃金女郎」。

當年，她在公司是從地位很低的雜工做起。在辦公室裡，別人想喝咖啡或者需要什麼東西，都由她去跑腿，工作非常辛苦。幸好潔西卡是一個堅強的人，她總是想著：「如果必須要去做艱難的事，就要勇敢的衝上去，因為我不能後退。每當我想要洩氣的時候，我就想到我別無選擇，只有繼續努力，才能實現我的夢想。既然選擇了這個行業，就要做出成績，我不能總是回家對丈夫說：『照顧我吧』，或是對家人說：『幫幫我的忙吧』！所以必須堅持下去！」

每個人都難免有跌落谷底的時候，經歷一次失敗，不代表一個人會滿盤皆輸。自己要是被失敗打倒，就沒有人會來救你了。所以，遇到失敗的時候，萬萬不可一蹶不振，而是應該以更堅強的毅力重返戰場，放棄只是方便的脫身之道，但它不是成功的途徑。當你在人生之路上獨自一個人行走時，遇到困難就只有一種選擇：咬牙挺住，並戰勝困難。

人生中，什麼都可以失去，只有堅強的毅力不可以丟棄。一旦失去了毅力，一個人就真的一無所有，進而一事無成。

不要被自己迫降

在美軍的作戰行動中，不是所有的行動或決定都是正確的，其中，有許多教訓更值得人們深深的牢記。其實，美軍對勝利往往看得很輕，對失敗才會重視，才會投入大量的人力、物力去研究。

一九四四年八月十二日清晨，在諾曼第登陸以後的作戰中，巴頓的第五裝甲師強行穿過馬梅爾，向前方快速推進。此時，敵軍已經亂成一團，失去抵抗能力。巴頓及時抓住戰機，宣布當天的進攻目標是阿朗松。他命令第五裝甲師向西北方向進攻，攻佔阿朗松，法國第二裝甲師則進攻卡倫吉斯。巴頓認為，在控制阿朗松和阿爾讓當一側的美國第七十九、第九十師的支援下，這兩個裝甲師與法萊茲南面的加拿大部隊迎頭對上，很快就可以完成合圍德軍的計畫。

然而，就在盟軍部隊即將對德軍進行合圍的關鍵時刻，發生了一件意想不到的事情，使德軍免遭殲滅——美軍突然停止了進攻。

一九四四年八月十三日中午十一時三十分，設在聖詹姆士的巴頓司令部的電話響了。加菲將軍拿起電話，布萊德雷的參謀長利文・艾倫少將通知他：布萊德雷命令，你部在任何情況下不得越過英、美在法萊茲—阿爾讓當地區的戰區界線，第十五軍必須在阿爾讓當——塞厄斯一線止步。」加菲立即將這個命令轉告巴頓。

這個消息對巴頓來說好似晴空霹靂，他似乎有些不相信自己的耳朵，他臉色蒼白的問：「這是開玩笑嗎？」「不是，」加菲認真的說，「這是艾倫將軍替布萊德雷傳達的命令。」

事關重大，巴頓立即給設在庫坦塞斯的第十二集團軍群司令部掛電話，與布萊德雷交涉。兩人在電話中進行了激烈的爭論，巴頓堅持要向法萊茲進軍，布萊德雷則寸步不讓，堅決予以拒絕：「絕對不行，你不能越過阿爾讓當，必須停止前進！」說罷，便掛斷了電話。

放下電話，巴頓的臉色難看極了，他沉痛的對加菲說：「為什麼第十五軍要在穿過阿爾讓當的這條東西線上停止前進？這必將成為一個具有重大歷史意義的問題，我要把我和艾倫將軍這次談話的速記記錄載入《第三集團軍戰史》。」

十二時十五分，巴頓又打電話給艾森豪。「聽著，」他的尖聲顯示他的情緒異常激動，「海斯利普現在已經遵照指示到達阿爾讓當—塞厄斯一線。他做了越線偵察，第十五軍繼續追擊是完全沒有問題的，你跟布萊德雷說過嗎？」

「說過了，喬治，」艾森豪回答道，「不過回答仍然是否定的。」

他又重複了命令，海斯利普的部隊必須在阿爾讓當─塞厄斯一線停止前進，鞏固防線！

星期日下午二時十五分，海斯利普接到加菲上校轉來的巴頓的命令，指示他停止向北行動，不得越過阿爾讓當，到達法萊茲附近地區或阿爾讓當以北地區的部隊，必須立即撤回。

第十五軍沒有向加拿大軍隊方面加緊進攻進而完成合圍，相反的卻受命「集結並準備朝另一個方向繼續作戰」。

曾經被海斯利普將軍認為是將在「整個西歐戰役中，產生決定性作用」的行動就這樣被一道停止前進的命令止住了。一九四四年就可以打敗德軍，進而提前決定世界命運的機會就這樣在這裡停住了腳步。果然不出巴頓所料，就在第十五軍停止前進兩天以後，大批潰不成軍的德軍從法萊茲以北的一個十幾公里的缺口倉皇逃走，一個百年不遇的圍殲敵軍的良機就這樣被白白斷送。

美軍在二戰中的一個大好機會被自己斷送了，因為這次停頓，日後美軍至少多付出了上萬人的犧牲，這足以成為美軍在二戰期間的血的教訓。

這也是對現實中的人們的一個教訓：不要被自己迫降。當你勝利在望時，突然由於自己的失誤，而延緩了追擊對手的腳步，給了對手寶貴的喘息機會，幾乎等於自己親手殺死了自己，這樣的局面是誰都不願意看到的，希望不會發生在你的身上。

擊敗對手可以有無數種方式，放過對手只要有一種方式就夠了，那就是：自己失誤。當你放過對手時，對手不會因此而感激你，相反的，會認為這是你的愚蠢給他的機會，他會牢牢記住你贏他的方式，在下次再遇上的時候，你不可能再以同樣的方式輕鬆的贏他。同時，他會比上一次更加凶狠的對付你，而不給你喘息的機會。

心學堂 15

活下來，是唯一要做的事

作者　上官洪軍
美術構成　驟賴耙工作室
封面設計　九角文化/設計
發行人　羅清維
企劃執行　張緯倫、林義傑
責任行政　陳淑貞

企劃出版　海鷹文化
出版登記　行政院新聞局局版北市業字第780號
發行部　台北市信義區林口街54-4號1樓
電話　02-2727-3008
傳真　02-2727-0603
E-mail　seadove.book@msa.hinet.net

總經銷　知遠文化事業有限公司
地址　新北市深坑區北深路三段155巷25號5樓
電話　02-2664-8800
傳真　02-2664-8801
網址　www.booknews.com.tw

香港總經銷　和平圖書有限公司
地址　香港柴灣嘉業街12號百樂門大廈17樓
電話　（852）2804-6687
傳真　（852）2804-6409

CVS總代理　美璟文化有限公司
電話　02-2723-9968
E-mail　net@uth.com.tw

出版日期　2022年03月15日　三版一刷
定價　320元
郵政劃撥　18989626　戶名：海鴿文化出版圖書有限公司

國家圖書館出版品預行編目（CIP）資料

活下來，是唯一要做的事：戰場生存守則 ／ 上官洪軍作 ；
-- 三版. -- 臺北市 ： 海鴿文化，2022.03
面 ； 公分. --（心學堂；15）
ISBN 978-986-392-446-3（平裝）

1. 成功法　2. 生活指導

177.2　　111003475